GAOXIAO FUDAOYUAN
XINLI JIANKANG JIAOYU
NENGLI YANJIU

高校辅导员心理健康教育能力研究

主编◎汪　峰

安徽师范大学出版社
·芜湖·

图书在版编目(CIP)数据

高校辅导员心理健康教育能力研究 / 汪峰主编.—芜湖:安徽师范大学出版社,2018.9(2025.1 重印)

ISBN 978-7-5676-3745-0

Ⅰ.①高… Ⅱ.①汪… Ⅲ.①大学生-心理健康-健康教育-教学研究 Ⅳ.①G444

中国版本图书馆CIP数据核字(2018)第200658号

高校辅导员心理健康教育能力研究

汪 峰◎主编

责任编辑:辛新新

装帧设计:陈 爽 张德宝

出版发行:安徽师范大学出版社

芜湖市九华南路189号安徽师范大学花津校区

网 址:http://www.ahnupress.com/

发 行 部:0553-3883578 5910327 5910310(传真)

印 刷:阳谷毕升印务有限公司

版 次:2018年9月第1版

印 次:2025年1月第2次印刷

规 格:700 mm × 1000 mm 1/16

印 张:13

字 数:215千字

书 号:ISBN 978-7-5676-3745-0

定 价:55.00元

本书编委会名单

主　编:汪　峰

其他成员(排名不分先后):

王立金　王　军　王结义　王爱侠　刘丽娜

张吉玉　邹　莹　李国柱　魏　魏　陶庭马

前　言

近十几年来，党和国家高度重视大学生心理健康教育，出台了一系列关于加强和改进大学生心理健康教育的文件，其中包括《教育部　卫生部　共青团中央关于进一步加强和改进大学生心理健康教育的意见》（教社政〔2005〕1号）和教育部办公厅关于印发《普通高等学校学生心理健康教育工作基本建设标准（试行）》的通知（教思政厅〔2011〕1号）等。可以说，随着教育主管部门和高校对大学生心理健康教育的高度重视和日常心理健康知识的宣传普及，大学生心理健康教育得到了很大发展，心理健康教育的观念日渐深入人心。

目前，各高校不但开设了相应的必修课程和选修课程，也出版了一批关于大学生心理健康教育的教材。虽然大部分高校能够按照1∶3000师生比配备专职心理健康教师，但高校心理健康教育仅仅依靠专职心理健康教师是难以满足大学生心理健康教育的需要的。因此，本书采取另外一种视角，主要探讨高校辅导员心理健康教育的能力。辅导员在肩负大学生思想政治教育工作的同时，也肩负着大学生心理健康教育与咨询工作。2014年3月，教育部印发了《高等学校辅导员职业能力标准（暂行）》（教思政〔2014〕2号），是国家对合格的高校辅导员专业素质的基本要求，是高校辅导员开展学生工作的基本规范，是引领高校辅导员专业化、职业化发展的基本准则，是高校辅导员培养、准入、培训、考核等工作的基本依据。《高等学校辅导员职业能力标准（暂行）》把辅导员的职业功能划分为九大领域，每个领域又细分为三个职业等级：初级、中级和高级，且依次递进，高级别包括低级别的要求。辅导员的职业功能的九大领域涵盖了辅导员日常教育与管理的各项工作内容，其中，辅导员心理健康教育与咨询能力是辅导员重要的职业能力之一。2017年9月，教育部修订公布《普通高等学校辅导员队伍建设规定》（第43号令),其中,心理健康教育与咨询工作是辅导员九项主要职责中的第五项,且明确指出,辅导员要协助学校心理健康教育机构开展心理健康教育,对学生的心理问题进行初步排查和疏导,组织开展心理健康知识普及宣传活动,培育学生理性平和、乐观向上的健康心态。其实,辅导员本身在开展大学生心理健康教育上,也具备身份地位优势、沟通交流优势和整合互动优势等。但值得注意的是,辅导员并不能完全等同于心理咨询师,也并非是具有思想政治教育者和心理咨询师双重身份,本书对辅导员和心理咨询师工作的异同点进行了探讨,梳理了两者之间的关系,明确了两者工作间的互补联动,以达到工作效果的最大化。

本书共分为八章,其中王爱侠老师负责第三章第四节、魏魏老师负责第八章、蚌埠医学院王立金老师负责第六章、淮南职业技术学院的刘丽娜老师负责第七章的编写工作,第一章、第二章、第三章第一到第三节、第四章、第五章由我本人撰写,约12万字,并负责全书的统稿工作。另外,李国柱、王军、张吉玉、邹莹、王结义等老师在此书的写作和校对过程中给予了极大帮助。本书是皖南医学院马克思主义学院德育与医学人文教育协同研究中心的研究成果,同时也是2015年教育厅人文社科重点项目“大学生思想工作与心理干预协作运行模式与方法的研究”(项目编号:SK2015A120)、安徽省教育厅2014年安徽省高等教育振兴计划弘扬核心价值观名师工作室项目“心理导航工作室”(项目编号:2014FDYMSGZS013)和安徽省高校人文社会科学研究基地重点项目“大学生心理问题的思想政治教育主体性研究”(项目编号:SK2014A109)的理论成果和2018年度高校优秀青年人才支持计划项目“校园文化建设视角下的高校社会主义核心价值观融入机制研究”(项目编号:gxyq2018040)的阶段性成果。

由于编者水平有限,书中必然存在疏漏之处,敬请广大读者批评指正,以帮助我们不断提高。

汪　峰

二〇一八年七月二日

目　　录

第一章　高校辅导员的专业发展与中介思维

高校辅导员是高校教师队伍和管理队伍的重要组成部分，位于大学生思想政治教育的第一线，是开展大学生思想政治教育的骨干力量，对大学生的成长成才起着至关重要的作用。建设一支职业化、专业化和专家化的辅导员队伍，是新时期高校师资队伍建设的一项重大历史使命，是促进大学生全面发展、成长成才的重要基础，也是高校辅导员自我完善与发展的迫切需要。在这里，应充分认识到高校辅导员的专业发展的重要性，着重理顺专业分工与专业支撑、学科依托与领域选择、基础知识与专项知识、理论学习与实践转化等几对关系。高校辅导员在自我准确定位的基础上，应充分利用现代思维方式，踏实工作，努力进取，以适应时代发展的需要。

第一节　高校辅导员的专业发展

专业发展是高校辅导员成长的重要基础，是高校辅导员在教育和管理工作中获取知识材料、提升精神需求、满足社会发展需要的重要条件。随着高等教育事业的进一步发展，越来越多的人认为，辅导员职业正从非专业化、准专业化向专业化不断前进。

一、高校辅导员的专业发展的内涵

（一）专业与专业发展

1. 专业的含义

专业，从广义上来说，主要是指专门从事某种学业或职业。进一步说，专业是指在生产生活实践和科学发展进步的过程中，某一社会群体经过专门的教育、培训或训练，以掌握专门的知识、技能或技术为主要内容，以科学与规范的专业标准为要求，以实现人的自我发展和促进社会进步为目的的职业活动。在教育上，专业是指高等学校或中等专业学校根据社会专业分工的需要设立的学业类别。根据国家建设的需要和学校性质设置的各种专业都有独立的教学计划，以实现专业的培养目标和要求。因此，专业的形成主要是学校为社会专业分工培养人才的结果，专业是按照社会对不同领域和岗位的专门人才的需要设置的。不同社会领域的专门人才所从事的实际工作，需要什么样的知识结构做基础，专业就组织相关学科来满足。

2. 专业发展

在人类历史发展的进程中，专业发展经历了从简单到复杂、从低级到高级的过程。以工具为代表的先进技术的开创，代表了原始的专业雏形；18世纪60年代至19世纪中期，以蒸汽机为代表的工业革命开创了人类的现代专业；社会分工的不断细化，现代科学技术的迅猛发展，极大地促进了社会上新职业的专业化理念的传播；在当代信息社会的时代背景下，以专业化的培训、教育、人才培养为代表，以满足社会和企业的需求为目标，现代化专业模式得到了前所未有的发展。①因此，在当代，专业发展是个体的专业知识、专业技能、专业发展意识等方面由低到高，逐渐达到专业人员标准的过程。这一过程既是专业主体自主发展意识不断增强的过程，又是特定社会需求不断得到满足的过程。一般而言，专业发展都是动态的，有明确的目标定位，并能不断适应社会发展，为社会服务。

（二）高校辅导员的专业发展

1. 高校辅导员的职业定义

我国高校辅导员制度起源于黄埔军校时期的政治工作制度，之后随着我国历史环境的不断变化，高校辅导员制度也经历了萌芽、确立和发展等一系列演变过程。在这一演变过程中，高校辅导员制度的内容和特征随着历史环境的不同而不断发展，辅导员的称谓也经历了黄埔军校时期的“政治指

①李明，等. 未雨绸缪：大学生职业生涯规划[M]. 北京：清华大学出版社，2014：5.

导员”到后来的“政治辅导员”，再到现在的“辅导员”。可以说，在不同的历史时期，辅导员具有不同的职业角色。在当代，辅导员具有特定的职业定义，2014年3月25日，教育部印发《高等学校辅导员职业能力标准（暂行）》，明确指出辅导员是高等学校教师队伍和管理队伍的重要组成部分，具有教师和干部双重身份。辅导员是开展大学生思想政治教育工作的骨干力量，是高校学生日常思想政治教育和管理工作的组织者、实施者和指导者，辅导员应当努力成为学生的人生导师和知心朋友。

2.高校辅导员的专业发展

高校是培养人才的地方，而做人是人才的基础。在人的素质中，德是核心，所以在人才培养中应注重“育人为本，德育为先”。辅导员位于大学生思想政治教育工作的第一线，是学生日常思想政治教育工作的生力军，他们在培养人才方面起着不可替代的作用。由于辅导员具有教师和干部双重身份，因此，要打造一支“政治强、业务精、纪律严、作风正”的专业队伍，必须全面提升辅导员的专业发展水平。首先，辅导员的专业发展应该遵循和符合教师队伍专业化的一般规律，在专业思想、专业知识、专业技能和专业能力等方面不断发展和完善，由非专业人员向专业人员不断转化。其次，辅导员作为干部，应具有较强的组织管理能力、文字表达能力、教育引导能力和调查研究能力等。在这里，我们可以为辅导员的专业发展下一个定义：辅导员的专业发展是指辅导员在职业生涯中，通过终身学习和专业培训系统掌握专业基础知识和专项知识，同时掌握娴熟的专业技能和工作方法，并在教育和管理工作实践中实现专业知识的拓展和专业能力的提升，实现非专业向准专业再向专业化不断转化的动态发展。

二、高校辅导员的专业发展的意义

（一）高校辅导员的专业发展能够适应教育发展的要求

高校的根本任务是培养和输送社会主义合格建设者和可靠接班人。青年兴，则国家兴；青年强，则国家强。青年大学生是祖国的未来和希望，是未来社会主义建设事业的主力军。马克思指出：“最先进的工人完全了解，他们阶级的未来,从而也是人类的未来,完全取决于正在成长的工人一代的教育。"[①]因此,作为大学生日常思想政治教育工作的骨干力量,辅导员的专业素养直接决定着高校思想政治教育的质量和水平。可以说,目前在高等教育事业快速发展的新时期,辅导员队伍建设已越来越成为高校统筹改革发展稳定的一项系统工程和长期任务,按照《中共中央　国务院关于进一步加强和改进大学生思想政治教育的意见》的要求,加强辅导员队伍建设,推动辅导员队伍的专业发展,既是打造高水平专业化和职业化辅导员队伍的重点和关键,也是适应新时期社会主义教育发展的要求和需要。

(二)高校辅导员的专业发展能够增强辅导员的社会认同

专职教师有教师的专业,工程技术人员有工程技术人员的专业,医生有医生的专业,这些专业明文规定,社会认可。辅导员属于何专业,尚无明文,也无学科,加上辅导员"大包干"的工作实际,因而有人质疑辅导员职业分化的程度低,专业不明。因此,辅导员扮演着"办事员、收费员、勤杂工、保姆"等角色,在社会人员、高校专职教师甚至学生心目中,辅导员的工作处于低水平和碎片化的状态,缺乏技术含量,社会认同感低。由于辅导员的专业发展不同于高校一般的专职教师,其"双重身份"的角色特点,决定了辅导员的专业涉及多个学科和知识领域,应该具备思想政治教育工作相关学科的宽口径知识储备。因此,加强辅导员的专业发展,走"先博后专"的专业发展道路,即在专业发展上先要广泛学习、全面掌握与学生教育管理相关的基础知识,发展相关能力,提高相关素养,然后选择某一领域,专攻某一方向,并在这一研究领域或方向中取得精深学问和成果,不断增强辅导员的社会认同。

(三)高校辅导员的专业发展能够增强辅导员的职业认同

辅导员的工作纷繁复杂,涉及学生生活的方方面面,包括日常思想政治教育与管理、党团组织建设、心理健康教育与咨询、学业指导、职业规划与就业指导、社会实践活动、校园文化建设等。可以说,高校把教学之外的内容丰富、外延广泛的教育领域交由辅导员负责,在没有真正达到专业化水准的

①马克思,恩格斯.马克思恩格斯全集:第16卷[M].北京:人民出版社,1964:217.

辅导员队伍中，面对纷繁复杂的工作，往往处于事务应付状态，使辅导员队伍成为“万金油”而地位不高，容易使辅导员产生职业倦怠，致使辅导员自我职业认同感低，辅导员队伍不稳定，部分辅导员仅仅把此工作作为跳板。加强辅导员的专业发展，不仅能够塑造辅导员的崭新形象，还能够激发辅导员专业发展的原动力，增强辅导员的自我职业认同。

（四）高校辅导员的专业发展能够提升辅导员的专业内涵

高校专职教师的专业发展一般与所学专业相一致，与所授课程相联系。而辅导员的专业发展的方式与专职教师不同，辅导员专业不对口的现象较为普遍，往往所学非所用，致使辅导员在工作中处于事务性和经验性状态，这不但与辅导员工作的科学性和专业性的发展相悖，而且与大学生成长成才的需要也不相适应，可以说，这些因素已经成为制约辅导员专业发展的瓶颈。因此，辅导员在具体工作和学习中必须经过知识重学、重组，使不同专业背景的辅导员都拥有与本职工作相一致的专业支撑、学科依托和研究领域，实现在专业知识领域“先博后专”，在专业能力方面“先会后精”，在专业伦理层面“修行并举”，在科研领域“研用并重”。既取得基础知识的不断积累，又拥有专项知识的不断突破，既实现理论学习与科学研究的进步，又注重实际工作中的实践转化、实践提炼与理论升华。

三、高校辅导员的专业发展应理顺的几对关系

辅导员的专业发展是一个动态的、持续的、非线性的过程，是由多个要素通过各种复杂的关系而构成的一个立体结构。一方面，辅导员的专业发展是国家和社会促进辅导员工作学科化和专业化的过程；另一方面，辅导员的专业发展是辅导员个体实现自我价值的现实需求。在此，主要探讨实现辅导员专业发展应理顺的几对关系：

（一）专业分工与专业支撑

专业化主要是从专业程度来理解，一般认为，当某职业的从业人员，其要胜任该工作所需要具备的特定知识与技能越高，而且只有少数经过严格

筛选出的人才能获得此项工作时，则该职业的专业化程度就越高。在高校，智育都是专业化的，每个专职教师都是经过严格选拔才得以聘用，他们都有自己的专业支撑，且其他专业无法替代。并且在专业范围内还进行进一步分工，没有哪一个教师能够包揽整个专业所有领域的教学与研究。而作为主要负责德育和非智力教育的辅导员，虽然也经过严格选拔，但是在辅导员专业背景上基本不做硬性要求。因此，辅导员职业在社会上被认为只要具备相应学历和年龄要求，都可以而且能够胜任辅导员工作。其实不然，辅导员是开展大学生思想政治教育的骨干力量，具有教师和干部双重身份。按照国家要求，辅导员与高校专职教师同等重要，而且对辅导员的要求在某种程度和相关领域上还要更高一些。目前，虽然高校辅导员也有专职和兼职之分，也有教育和管理工作的具体分工，但这不是辅导员工作的专业分工。马克思主义一级学科建立后，思想政治教育作为马克思主义理论一级学科所属的二级学科确立下来。辅导员工作既然已经实现了专业分工，那么对于专业背景各异的辅导员，应该经过重学、重组，重新确立自己的专业支撑，从而在工作中明确方向，从而避免陷入事务性和经验性的工作状态。

（二）学科依托与领域选择

思想政治教育学的研究对象是人，它研究人的思想品德的形成、发展和变化的规律，以及进行思想政治教育的规律。《高等学校辅导员职业能力标准（暂行）》明确指出，辅导员是高校学生日常思想政治教育和管理工作的组织者、实施者和指导者。虽然在辅导员开展日常思想政治教育的同时，也包括具体的管理和服务工作，但根据高等学校教育的性质和培养目标，管理与服务工作也具有教育职能。因此，要走专业化发展的道路，辅导员工作必须注重学科依托，遵循思想政治教育学科所揭示的教育规律，符合教育原则，掌握科学的教育方法。如果不以思想政治教育学科为依托，缺乏科学理论的指导，辅导员的专业发展就无从谈起，辅导员工作也只会陷入事务性和经验性的工作状态，教育和管理就只能处在低水平发展的层面。《高等学校辅导员职业能力标准（暂行）》把辅导员的职业功能分为九个领域：思想政治教育、党团和班级建设、学业指导、日常事务管理、心理健康教育与咨询、网络思想政治教育、危机事件应对、职业规划与就业指导和理论与实践研究等。每个领域都包含三个等级，且对初级、中级、高级辅导员的要求依次递进，高级别包括低级别的要求。可以说，虽然辅导员工作需要系统的理论和方法，需要运用多学科的知识，但像专职教师一样，辅导员只能在一个或某些领域实现专业化，难以包揽所有工作的专业化任务。因此，辅导员的专业发展要实现高级别和专业化的要求，必须在注重基本能力的条件下，根据个人专长选择一个或某些领域，并对这一领域开展深入研究，实现专攻，最终取得高级别的理论研究成果及推动研究成果的转化应用。

（三）基础知识与专项知识

《高等学校辅导员职业能力标准（暂行）》强调，辅导员应具备丰富的知识储备，了解马克思主义理论、哲学、政治学、教育学、社会学、心理学、管理学、伦理学、法学等学科的基本原理和基础知识。可以说，辅导员是以思想政治教育和相关学科为背景的职业。基础知识和基本工作技能是辅导员专业发展的前提，因此，辅导员的专业发展必须以拓展专业知识、提升专业能力为目标，不仅要知识广博，还要多才多艺。具有日常思想政治教育所需的普遍性和贯通性的基础知识，形成合理、宽厚、扎实的知识结构，在专业发展上从“外行”转入“内行”。由于人的精力有限，辅导员不可能在每一领域上“事事通”“样样行”，必须在知识广博的基础上选择自身发展的专业方向，做到学有所长、术有专攻、事有专能，否则就会成为“万金油”，没有自身的专业特色。因此，辅导员必须着力于专项知识的学习、研究、创新和深化，彰显知识结构中的特色，使得在主攻方向上有所突破和建树，真正成为“专职、专长、专能、专为”的研究型、学者型和专家型学生事务工作管理者。

（四）理论学习与实践转化

理论学习与知识能力水平是衡量辅导员专业发展的重要指标，也是衡量辅导员专业化水平的重要内涵。辅导员通过知识重组、重学，将大学生思想政治教育理论知识纳入自己已有的知识结构中，不断丰富和完善自身的认知水平，使自身的理论知识处于较高的水平和稳定的状态，但这并不表明辅导员已经达到专业化的水平。由于思想政治教育学科是一门综合性很强的应用学科,强调理论联系实际。因此,辅导员在注重理论学习和知识积累的同时,应注重理论知识的实践转化,将理论知识应用到实际工作中,同时避免出现教条主义的错误。辅导员在具体工作中,要充分考虑当今大学生的个性特点、需要和接受规律,将理论知识与思想政治教育、党团建设、心理辅导、学习指导、生涯规划、就业指导等具体实践相融合,从实际出发,充分体现知识的灵活运用,实现辅导员自身素质与职业要求的有效匹配。同时,在实践中,辅导员应学会体验、感悟和提炼生活,把生活中的点点滴滴凝练、深化为理论,使理论研究不脱离大学生的实际,避免出现大而空的研究范式,真正实现辅导员在学生管理工作中有品牌、有特色,在理论研究中有成果、有创新。

第二节　高校辅导员的中介思维

随着改革开放事业的不断推进,社会主义市场经济的深入发展,我国社会的经济成分、组织形式、就业方式、利益关系和分配方式等都发生了深刻变化,当今社会呈现出开放性、信息化、多样化、竞争性、风险性和速变性等特点。时代的发展和现代生活方式的变更迫切需要人类思维方式的转变,以适应时代发展的需要。恩格斯曾经指出:每一个时代的理论思维,从而我们时代的理论思维,都是一种历史的产物,它在不同的时代具有非常不同的形式,同时具有完全不同的内容。[①]

一、高校辅导员的中介思维的内涵

(一)中介与中介思维的含义

"中介"首先属于哲学范畴,包含辩证的思维。在黑格尔哲学中,中介概念是黑格尔辩证法的合理内核之一,它是从"绝对理念"过渡到对方的桥梁,是事物彼此联系的中间环节。在马克思主义哲学的产生过程中,批判吸收

①马克思,恩格斯.马克思恩格斯选集:第4卷[M].北京:人民出版社,1995:284.

黑格尔辩证法的合理内核，对中介概念做了新的论证，并赋予它科学的意义。马克思主义认为，中介概念主要是通过中介连接对立，并上升为认识事物之间关系的思维方式和方法论。恩格斯曾经指出："一个伟大的基本思想，即认为世界不是一成不变的事物的集合体，而是过程的集合体。"[①]而且他还明确强调："中介的存在，不仅造成了对立之间的亦此亦彼的环节，并且使对立互为中介。"[②]列宁也指出，要真正地认识事物，必须把握一切"中介"，他指出："一切都互为中介，连成一体。"[③]因此，要想从感性认识上升到理性认识，真正认识和把握事物之间的关系，就必须了解和研究清楚它的一切方面、一切联系和中介。可以说，中介概念是马克思主义唯物辩证法的重要内容，是连接逻辑始项与逻辑终项的中项，是充分认识和了解马克思主义普遍联系、系统整体和矛盾转化等观点的重要基础。中介思维则是指人们通过中介范畴所揭示的具有一定逻辑次序的辩证思维。[④]因此，从中介思维出发，深刻了解事物之间的"中介联系"，是人们正确认识世界和改造世界的前提。

（二）高校辅导员的中介思维的含义

思想政治教育中介研究是增强思想政治教育实效性的现实需要，现代社会的发展变化给人们的精神世界和思维方式带来了巨大的震荡，传统的思想政治教育理念受到前所未有的冲击与挑战。高校思想政治教育同样也出现了"两难局面"：一方面大学生思想政治教育的重要性得到各级教育部门的充分重视；另一方面高校在轰轰烈烈地开展思想政治教育的过程中，总感到有一种莫名的困惑，尽管"两课"建设认认真真，学校思想政治教育工作形式多样，思想管理与理论规则深入生活园区，校园文化建设不断出新，凡此种种，但教育效果仍不尽如人意。因此，针对新形势下当代大学生出现的新情况和新问题，必须利用现代思维方式去建构高校思想政治教育的新模式。可以说，开展高校辅导员中介思维的研究工作是时代发展的迫切需

①马克思，恩格斯．马克思恩格斯全集：第21卷[M]．北京：人民出版社，1965：337.

②马克思，恩格斯．马克思恩格斯选集：第3卷[M]．北京：人民出版社，1995：535.

③列宁．列宁全集：第38卷[M]．北京：人民出版社，1986：103.

④王家忠．中介、中介思维与中介科学[J]．东岳论丛，2001(3)：86-89.

要。在传统思维模式中,高校辅导员在教育和管理工作中采取的是试图控制受教育者的"决定思维模式",在与受教育者相互沟通交流的过程中往往去争夺一种"话语霸权",因此,高校辅导员在教育与管理工作中与受教育者之间往往存在一种紧张关系。而高校辅导员树立中介思维,可以在充分发挥教育者与受教育者主体地位的同时,使两者保持合理张力。我们可以这样下一个定义:高校辅导员的中介思维是指高校辅导员主体通过中介范畴在协调建构教育主体与教育客体之间关系的过程中所揭示的具有一定逻辑次序的辩证思维。高校辅导员的中介思维实质上是一种"关系思维",是对"两极思维"和"还原思维"的超越,既不是单纯地从教育与管理任务出发,也不是孤立地从教育者和受教育者出发,而是从两者的关系和联系出发,最大限度地发挥教育理论与教育实践的作用,使教育者和受教育者适应新时代发展的要求,充分利用"在场"与"缺场"的教育管理方式,在相互"对话"和相互沟通中保持"必要合理的张力",以不断提高大学生思想政治教育的针对性和实效性。

二、高校辅导员的中介思维的特征

(一)开放性与时代性的统一

高校辅导员是高校思想政治教育的主力军,在作为职业角色出现时,其职业性的存在位于思想政治教育系统中,与其他社会系统有着纵横交错的复杂的联系。高校思想政治教育的开放性特征决定了高校辅导员应具备开放性的思维方式,多视角、全方位地看待问题,不能用保守的、被动的和消极的形而上学的思维来看待问题。同时,由于历史在不断前进,时代在不断发展,特别是随着信息化社会的不断深化,人们的生活方式和行为方式也在发生着全方位的改变。尤其在大学生思想政治教育过程中,辅导员面对的是一批精力充沛、兴趣广泛和思想活跃的大学生群体。如果辅导员在工作中思维出现定势,封闭或孤立地看待问题,在具体工作中经验化或教条化,就不会有所发展、有所前进。因此,辅导员的思维方式应充分体现与时俱进的特点,突破传统思维定势和狭隘眼界,把开放性和时代性统一起来。

(二)传承性与创新性的统一

思想政治教育活动是“理论的继承”与“文化的继承”相统一的活动。它不但使“自然人”变成“现实人”,而且使“自然人”变成了“文化人”,从而使“历史的教育”变成了“文化的教育”。高等学校在一个民族中承担着不同于其他社会组织、机构的特殊任务,那就是民族文化的保存、传承与延续。在高校思想政治教育工作中,长期的历史积淀所形成的理论观点、道德观念、教育方式和管理方法等是辅导员开展日常工作的主要思想源泉。我们说传承性不代表“家本位”思想,辅导员的工作只靠已有的经验材料来指导实践是远远不够的,当然我们更不能形成固定的教育和管理方式,停留在低水平、重复性和碎片化的工作状态中,辅导员应积极推陈出新。这就要求辅导员必须具有独创性和开拓性的现代思维方式,把思维触角扩展到直觉范围以外,利用思维的抽象与融合创造出新的理论与方法,以适应新时期教育和管理的特点。

(三)承载性与传输性的统一

2004年,《中共中央　国务院关于进一步加强和改进大学生思想政治教育的意见》提出,大学生思想政治教育应“以理想信念教育为核心,以爱国主义教育为重点,以基本道德规范为基础,以大学生全面发展为目标”,全面提高大学生的思想道德素质。要实现这一教育目的,教育者需选择一定的教育形式或物质实体来开展教育活动,以承载和传递思想政治教育的内容和信息。高校思想政治教育中介思维的承载性和传输性,要求辅导员应通过中介范畴协调建构教育者与受教育者之间的关系,充分利用组织中介、载体中介、内容中介和关系中介等对受教育者实施教育,细化到日常教育和管理工作中,主要是指辅导员能够使“思想”“信息”和“符号”通过中间“载体”顺利传输给受教育者,并形成互动和共鸣,且教育形式不是生硬和死板的,而是在突出教育者与受教育者主体地位的同时,不断发挥思想政治教育中介的灵活性和多样性,充分体现大学生思想政治教育的主体间性,以建立主体间平等和谐的关系。就此,辅导员需要更加重视理念更新、组织优化、载体选择和方法创新，不断提高教育和管理水平，使教育者和受教育者在思想政治教育“在场”和“缺场”场域中实现教育内容的传输和教育效果的优化。

(四)自觉性与发展性的统一

自觉性是指个体自觉自愿地执行或追求整体长远目标任务的程度，其外在表现为热情、感兴趣等，内在表现为有责任心、职责意识等。随着我国高等教育大众化程度的持续提高，高校思想政治教育所面临的任务是长期、艰巨和复杂的。辅导员必须具有坚定的信心和决心，走职业化和专业化发展的道路，提高工作的自觉性和责任意识，防止出现消极懈怠的工作状态。另外，随着时代的发展，高校思想政治教育应以传统的思想政治教育为参照，以现代思想政治教育为指向，在教育观念、内容和方法上不断创新，打破单一、僵化和经验式的教育范式，学会用现代科学技术改造和整合大学生思想政治教育的途径，形成网络化、立体式和双向互动的教育模式，真正实现把主流思想渗透到大学生的日常生活、学习等各个领域中，使之与社会发展进程相协调。

三、高校辅导员的中介思维的应用

中介思维不是一种全新的思维方式，它主要是指通过中介范畴所揭示的辩证思维，有利于人们克服死板的、孤立的和片面的思维方式。在高校思想政治教育理论研究与实践过程中，辅导员树立中介思维，是马克思辩证唯物主义思维方式的必然要求，对新时期做好大学生思想政治教育工作和推进辅导员工作的职业化、专业化都具有重要的理论价值和现实意义。

(一)深化内容中介的内涵，增强教育的全面性

大学生思想政治教育的内容中介是高校思想政治教育目标的进一步明确化和具体化，也是教育主体需要的外在表现形式。2004年，《中共中央 国务院关于进一步加强和改进大学生思想政治教育的意见》提出了大学生思想政治教育的主要内容：以理想信念教育为核心，深入进行树立正确的世界观、人生观和价值观教育；以爱国主义教育为重点，深入进行弘扬和培育民

族精神教育；以基本道德规范为基础，深入进行公民道德教育；以大学生全面发展为目标，深入进行素质教育。可以说，上述文件中提出的大学生思想政治教育的主要内容是新时期辅导员开展工作的目标和归宿。高校辅导员应围绕“培养什么样的人”和“怎样培养人”这一事关社会主义事业全局性和战略性的问题，深刻领会和深化思想政治教育内容中介的内涵，通过疏通与引导、言教与身教、物质鼓励与精神激励、教育与管理，做到主导性和大众化相统一、理论性和现实性相统一、说服力和感召力相结合，使大学生思想政治教育四个方面的内容在日常教育工作中得以体现并构成一环扣一环的逻辑整体。

（二）加强组织中介建设，提高工作的凝聚力

组织具有广义和狭义之分。从广义上来说，组织是指由诸多要素按照一定方式相互联系起来的系统。从狭义上来讲，组织是指人们为实现一定的目标，互相协作结合而成的集体或团体，如党团组织、工会组织、军事组织等。在这里，我们主要探讨的是狭义的组织，它是由人组成的，是指专门的人的群体。思想政治教育的组织中介同样是由人组成的群体，这些人从某种意义上来讲，是思想政治教育组织机构的“特殊材料”。在大学生思想政治教育中，高校辅导员正是通过这些“特殊材料”即环环相扣的组织链条和信息联系顺畅通达的网络体系来对大学生实施组织和管理的。这里所指的大学生思想政治教育的组织中介主要是班级、学生会和社团等中的学生干部，他们是整个教育过程中的信息链和能量链。要想使组织机构成为“1+1>2”的高效结合体，实现工作的有序开展、正能量的不断传播和信息的有效反馈，辅导员必须加强组织中介建设，最大限度地挖掘学生干部的潜能、发挥学生干部的带头作用和增强学生干部的组织协调能力，提高集体工作的凝聚力。

（三）创新载体中介的方式，提升教育的实效性

思想政治教育的载体中介是指教育主体在实施思想政治教育的过程中，能承载和传递思想政治教育的内容和信息，能为思想政治教育主体所运

用和操作，并促使思想政治教育主客体间相互作用的一种活动形式和物质实体。语言、文字、谈话、开会、理论学习、文化活动、大众传媒等，都可以是思想政治教育的载体中介。从思想政治教育的载体中介的历史发展视角来看，高校思想政治教育的载体中介包括传统载体中介和现代载体中介。传统载体中介是指在思想政治教育历程中产生并在继续发挥作用的载体，主要包括开会、谈话和理论教育等。现代载体中介则是随着信息化社会的发展而产生的具有时代特征的思想政治教育的新载体，主要包括新媒体、网络和文化活动等。因此，在现代社会，高校辅导员在开展日常思想政治教育工作的过程中，应将传统的载体中介和新媒体载体中介结合起来，实现两种载体中介的优势互补，围绕大学生思想政治教育的内容开展教育活动。

（四）优化关系中介的存在，增强工作的战斗力

关系是指人或事物之间相互作用、相互影响的状态。高校辅导员的工作发生于特定的交往系统中，因此，在大学生思想政治教育的具体工作中，存在着多种多样的复杂关系网络，具体包括教育者与受教育者、教育者与教育部门、教育者与社会群体、教育者与个人等，这些关系是独立于个人意识和个人意志之外而存在的客观关系，对教育主体活动具有一定的反作用。可以说，良好的教育关系的建立，是工作顺利开展和有序推进的重要保障。因此，辅导员应充分优化关系中介的存在，在具体工作中广泛合作和有序协调，既要注意发挥不同群体或个人的优势，又要防止“孤岛效应”与思想政治教育负合力现象的出现，不断增强工作的战斗力和影响力，最终实现思想政治教育持续良性发展的势头。

第二章　高校辅导员心理健康教育的理论分析

党的十八大报告指出，要“加强和改进思想政治工作，注重人文关怀和心理疏导，培育自尊自信、理性平和、积极向上的社会心态”。辅导员作为高校第一线的学生教育与管理人员，在大学生心理健康教育中具有自己的独特优势和不可替代的作用。开展以辅导员为主体的大学生心理健康教育理论研究与实践探索是时代需要，也是辅导员专业发展的重要领域。

第一节　高校辅导员与心理健康教育

随着高等教育教学的改革与发展，走内涵式发展道路，全面提高高等教育的质量，培养学生德智体美劳全面发展是高等教育的根本内容。但在传统“德育”“智育”“体育”“美育”和“劳动技术教育”的基础上，应更加关注学生的心理健康教育、性生理知识教育和科学合理的健康饮食教育，即“心育”“性育”和“食育”。在这里，我们主要探讨大学生心理健康教育。2005 年 3 月，《教育部、卫生部、共青团中央关于进一步加强和改进大学生心理健康教育的意见》，要求各地教育部门和高校要充分认识到大学生心理健康教育的重要性，切实做好心理咨询工作。此文件明确指出，加强和改进大学生心理健康教育是新形势下全面贯彻党的教育方针、推进素质教育的重要举措，是促进大学生健康成长、培养高素质合格人才的重要途径，是加强和改进大学生思想政治教育的重要任务。

一、心理健康对大学生发展的作用

(一)心理健康是大学生身心健康发展的需要

1948年,联合国世界卫生组织成立时,在其宪章中开宗明义地指出:健康不仅仅是没有病,而且是身体上、心理上和社会上的完好状态和完全安宁。1989年世界卫生组织提出21世纪健康的新概念:健康不仅是没有疾病,还包括躯体健康、心理健康、社会适应良好和道德健康。从健康观的演变可以看出,科学的健康观改变了人们传统的没有疾病即健康的观念,健康的目标是追求一种更积极的状态、一种更高层次的身心协调与发展。

心身疾病是指心理因素在病症的起因中占据重要地位的病症,如冠心病、高血压、溃疡、某些肿瘤疾病等。诸如情绪不稳定,易大喜大怒,过于争强好胜,长时间的焦虑不安,不易满足等心理特点很容易导致疾病的产生。巴甫洛夫曾经说过:"一切沉重顽固的焦虑和忧郁足以给各种疾病打开大门。"重视心理健康问题,可以使人有效地抵御各种不良诱因的作用,矫正不良的心理反应,可以有效地预防心身疾病的发生。近年来,因心理健康问题引起的校园自杀、他杀事件频繁发生,这些恶性案件的发生都与当事者的心理健康状况有关,因为心理健康水平较低的人,很容易产生无法控制的愤怒情绪,以致控制不住自己,出现严重的越轨行为。重视心理健康问题,提高大学生的心理健康水平,可以使大学生更好地处理各种矛盾,提高心理承受力,在挫折面前有足够的心理准备,并采取有效的措施。

(二)心理健康是大学生成长成才的基础

大学生的年龄普遍在18~25岁,正处在人生成长的关键时期,他们的价值观尚不稳定,时常处于波动、迷惘、抉择之中,其心理成熟又落后于生理成熟,因而大学生的情感是不稳定的,情绪变化起伏大,易受学业压力、生活压力、人际关系变化和周围环境变化的影响,容易冲动、偏激,情绪冲突也较多。

众所周知,作为21世纪的大学生,将是社会主义事业的建设者和主力军，中华民族伟大复兴的使命将落到当代大学生身上，面对错综复杂的新时代的环境，大学生必须认清形势，提高认识，保持积极健康向上的社会心态，增强环境适应能力、挫折承受能力、心理调控能力、思维创造能力等，要懂得：要想占有未来，不仅要做思想品德、智能、体魄上的储备，还要做好战胜各种困难和挫折的心理准备，走出自我认识的误区，踏踏实实地学习，与时俱进、求真务实、偏离浮躁，真正拥有自立、自强、自律的良好心理素质，为成长成才奠定坚实基础。

（三）心理健康是大学生适应社会的需要

大学生拥有良好的心理品质，具备开创、自信、进取和合作的精神，是国家和社会对人才培养的要求。良好的心理素质不仅是大学生健康成长的前提、快乐生活的基础，更是大学生适应社会发展的需要。大学生的社会适应问题，是指提高大学生对大学生活以及社会生活的适应性，即提高大学生随外界环境条件的改变而改变自身的特性和生活方式的能力。[①]现代社会机遇和挑战并存，面对社会的迅速变革和竞争的加剧，每个人都会承受来自各方面的巨大压力，大学生只有拥有积极的情绪、适度的情感、和谐的人际关系、良好的人格品质、坚强的意志和成熟的心理行为等，才能迎接挑战，战胜压力，适应社会发展。

二、高校辅导员承担心理健康教育的必要性

（一）是高校思想政治教育的迫切要求

党和国家高度重视大学生思想政治教育工作，《高等学校辅导员职业能力标准（暂行）》明确细化了高校辅导员的职业能力，其中“心理健康教育与咨询”是高校辅导员职业能力的重要组成部分。众所周知，心理健康贯穿大学生生活、学习、交往、情感等各个方面，可以说牵一发而动全身，符合“木桶”原理。作为大学生思想政治教育工作第一线的辅导员，是学生最直接的

①朱春华，郎益君.谈提高大学生社会适应能力的重要途径——心理健康教育[J].辽宁师专学报（社会科学版），2009（4）：36-37

教育者、组织者和管理者，是密切学校、家庭和社会教育联系的“桥梁”，担负着学生思想政治教育、学生事务管理和学生成长引导的重任。而思想政治教育的成效在很大程度上取决于学生个体心理素质的好坏，大学生存在的很多问题并不是道德品质优劣导致的，更多的是深层次的心理原因。可以说，辅导员要想在日常工作管理和教育过程中做好工作，就必须在大学生心理健康方面承担起重要的角色，积极把握大学生的心理特点，探索大学生的心理活动规律，运用积极心理学的教育理念，选择恰当的方式和方法，才能最大限度地优化学生的心理品质，激发学生的成长潜能，使思想政治教育取得最好的效果。辅导员要运用好心理健康教育这把“钥匙”，深入贯彻落实“育人为本，德育为先”的教育理念，在社会科技竞争、知识竞争和人才竞争日趋激烈的新时期，帮助大学生正确认识社会和自我，克服消极心理，提高心理素质，培养健全的人格，从而从整体上提高大学生的思想觉悟和道德素质，这是时代发展的需要，更是新时期高校思想政治教育的迫切要求。

（二）是建立和完善大学生心理健康教育网络的需要

在高校现有的教师资源中，作为一线思想政治教育工作的辅导员，有责任和义务了解学生的心理健康状况，开展学生心理健康教育。2006年7月，《普通高等学校辅导员队伍建设规定》明确指出：“辅导员应当努力成为学生的人生导师和健康成长的知心朋友，要帮助高校学生养成良好的道德品质，经常性地开展谈心活动，引导大学生养成良好的心理品质和自尊、自爱、自律、自强的优良品格，增强大学生克服困难、经受考验、承受挫折的能力，有针对性地帮助大学生处理好学习成才、择业交友、健康生活等方面的具体问题，提高思想认识和精神境界。”目前，高校心理健康教育网络分成多个层级：大学生心理健康教育（咨询）中心主要是由专兼职教师组成，主要是对思想政治教育工作者和学生骨干进行指导，对心理问题突出的学生进行咨询和指导；系部（二级学院）层级主要由辅导员组成，主要进行学生心理骨干的选拔、组织管理、学生心理品质的优化、学生心理问题的反馈、跟踪辅导防范及转介；班级心理委员和宿舍心理信息员是基础网络，他们是在辅导员进行选拔和培训的基础上成立的学生心理骨干。由于学生生活在一起，成长经历和面对的问题等具有相似或一致的地方，他们之间彼此信任、关系密切，一旦发现有同学出现心理压力或心理问题时，学生心理骨干能够第一时间知晓，予以帮助、检测和反馈等。可以看出，在高校整个“四级”心理健康教育网络体系中，辅导员承担着不可替代的作用。

三、高校辅导员开展心理健康教育的优势

（一）身份和地位优势

党和国家高度重视高校辅导员队伍建设，形象地称为党的“近卫军”。在具体岗位设置中为辅导员设置专职岗位，可以说，专职辅导员是大学生学习和生活的教育者、组织者和管理者，是解决大学生生活和学习中具体问题的落实者。辅导员在大学生思想政治教育中具有特殊的身份和地位，在大学生心目中拥有权威性，大学生对辅导员有依赖感和信任感。作为专职的学生工作人员，辅导员与其他行政工作人员和专职教师相比，无论在与学生接触的时间上还是工作内容的性质上，都有自己独特的优势。在实际工作中，辅导员能够对学生在生活、学习、人际交往、情感以及不同学习阶段呈现出的特点进行全面了解，这使辅导员不仅能了解学生的共性问题，还能充分了解学生的个性特点和心理需求，正是因为这种特殊的身份和地位，辅导员对学生的整体情况最有发言权。对于某些较为复杂、不断反复的心理问题，辅导员能够进行连续的指导和帮助，从而可以优化学生的心理品质，把问题消除在萌芽状态。

（二）沟通优势

在当前我国的高校辅导员队伍中，绝大多数辅导员都是比较年轻的，大都是从高校毕业的本科生或研究生，年龄、生活模式、价值观念和思维方式与在读大学生都比较接近，属于同辈群体，他们不但拥有相似的人生经历，而且有共同的话题。这种亲密的、和谐的师生关系，情感因素参与较多，很多学生已将辅导员视为知己，愿意将自己的内心世界呈现出来，找他们倾诉。因此，辅导员能较深入地了解学生的内心世界，了解他们的情感体验和

思想动态。可以说,辅导员在与学生的日常接触和交流中,能够第一时间发现学生在心理上存在的情况和问题,对小问题可以及时进行人文关怀和心理疏导,对大问题可以及时上报或转介,有利于高效迅捷地帮助学生解决难题。

(三)整合与互动优势

高校辅导员是学校、家庭和社会之间的纽带,其处于枢纽位置,高校辅导员可以整合校内外的各种资源来促进学生心理健康工作的开展,以达到学生心理品质的最大优化和成长潜能的最大激发。在学校内部,辅导员可以整合校内资源,包括心理健康教育中心、心理社团协会、心理健康网站等资源,对学生进行心理健康宣传与教育,为学生提供一个更广更大的平台来了解和促进自己的心理健康。同时,与专职心理老师、任课老师及学生心理骨干进行互动交流,全面了解学生的心理状况,进行因人施"导"。对外,辅导员还能够将学生的心理健康状态及时和学生的家长进行沟通与交流,实现心理健康教育的"双管齐下",以便获得家长的支持和帮助。此外,辅导员还可以咨询、转介或邀请校外的心理咨询师或专家,实现学校与社会教育的互动。辅导员在大学生心理健康教育工作中的整合与互动,最终能够做到点、线、面的全面结合,既能重点疏导学生个体,又能优化全体学生的心理品质。

四、高校辅导员在大学生心理健康教育中的角色定位

随着现代社会和科学技术的飞速发展,知识更新加快,人类已经进入了"情绪负重年代",人们的观念意识、情感态度及行为方式也在不断变化。作为现代社会的重要组成部分,在大学院校生活和学习的大学生,对社会心理这块时代的"晴雨表"十分敏感。同时,当代大学生这一特殊群体也存在一些特殊问题,如环境适应问题、学习压力问题、情感问题、理想与现实冲突问题、人际关系协调问题和就业压力问题等。如何使大学生避免或消除由上述心理问题而造成的心理应激、心理危机或心理障碍,以积极的正常的心态去适应环境发展与变化,预防心理疾病或精神疾病的发生,已成为高校思想

政治教育的迫切任务。由于辅导员与大学生保持着最直接的接触，无论是学习情况，还是生活起居情况，可以说辅导员都有比较全面的把握。因此，准确定位辅导员在大学生心理健康教育中的角色，发挥辅导员在大学生心理健康教育中的主渠道作用，具有重要的理论和实际意义。

（一）心理健康教育的宣传员

心理健康教育宣传就是对促进大学生心理健康的意识及途径进行有效宣传及有效教育。通常我们认为，一个心理健康的人也许他不懂心理学，懂得心理学的人也并不一定心理健康，但拥有心理学知识的人在某种程度上可以促进心理健康。因此，辅导员在开展大学生心理健康教育与宣传的过程中，除了宣传心理健康的知识外，更应营造一种人人关注心理健康的氛围，引领大学生人人关注心理，主动关注心理健康，感受自我心理状态。因为有了这种意识，他们就会主动寻求途径优化自己的心理素质，遇到心理困扰或问题也会主动求助。同时，辅导员应积极成为大学生心理宣传活动的策划者、组织者及实施者，依托相关活动载体和新媒介载体，把显性宣传与隐性宣传相结合，不断增强心理健康宣传的实效性。

（二）学生心理问题的鉴别员

辅导员在进行大学生心理健康教育与宣传的同时，更是学生心理问题的鉴别员。心理危机的产生、发展是一个复杂而微妙的过程，几乎每个人在成长过程中都经历过心理危机，但只要及时进行鉴别并干预，心理危机并不一定会导致极端行为。首先，高校在每年新生入学时，普遍会组织学生进行心理测试，开展新生心理状况普查，为每个学生建立心理档案。通过心理档案的建立，辅导员可以摸清学生的心理情况，及时发现异常问题，对症下药并给予个别心理辅导。其次，随着时间的推进，在大学的不同阶段，大学生会新发一些共性或个性的问题，在学生心理骨干的帮助下，辅导员可以动态筛查心理危机高危个体，最快、最直接、最真实地获取学生的心理状态信息，在特殊阶段进行重点排查、快速反应，做到“早发现、早干预、早解决”，建立健全心理危机事件备案制度，最大限度地降低学生心理危机的发生率和事故率。

(三)学生一般心理问题的咨询员

辅导员在开展心理咨询服务工作时,不一定能够达到专业程度,因此,往往是以一般心理问题咨询员的角色出现。通常辅导员在识别出学生的一般心理问题后,就应进入必要的干预阶段。这里会出现两种学生:第一种是主动求助的学生;第二种是通过个人发现或学生心理骨干上报等而进行干预的被动求助的学生。无论是哪种情况求助的学生,辅导员都要遵循心理咨询的相关原则,做到尊重、热情、真诚、共情、积极关注,及时对学生进行帮助、跟踪和反馈。

(四)大学生心理危机的转介者

辅导员在对一般心理咨询问题进行识别和干预的过程中,对心理危机高危个体应及时进行危机评估,对无法通过一般咨询解决的高危个体,应及时进行转介。转介是提高心理咨询效果,解决学生心理危机的重要策略。各校应充分整合校内资源,实现辅导员与心理咨询师的联动,同时应加强与校外心理疾病治疗机构的沟通与合作,一旦有学生需要治疗,应及时送至有关机构诊治,切实维护学生的心理健康。

第二节　高校辅导员与心理咨询师

心理健康教育是高校思想政治教育的重要组成部分,心理健康教育与咨询能力是高校辅导员必须具备的职业能力之一。可以说,辅导员在肩负大学生思想政治教育工作的同时,也担负着大学生心理健康教育与咨询工作的职责。但值得注意的是,辅导员并不能完全等同于心理咨询师,也并非是具有思想政治教育者和心理咨询师的双重身份。因此,必须明确两者工作的异同点,整合两者之间的关系,实现工作互补联动,以达到工作效果的最大化。

一、高校辅导员与心理咨询师工作的异同点

（一）高校辅导员与心理咨询师工作的相同点

1.工作对象相同

在高校中的辅导员和心理咨询师，虽然在工作理念、工作要求和工作方式等诸多方面不同，但都是为解决高校学生的思想、心理和行为等问题在进行努力探索、教育或干预。他们所面对的工作对象都是新时代的大学生群体，这一群体的年龄一般都在18～25岁，他们精力充沛，是社会中最活跃的一个群体，对外界充满了热情与活力。就全体社会而言，大学生又是一个文化素质较高的群体，因为他们具有一定的知识文化水平，具有较强的分析和解决问题的能力，具有较强的逻辑推理能力等。因此，辅导员与心理咨询师所面对的工作对象相同。

2.工作目的相同

高校辅导员的工作目的与心理咨询师的工作目的是相似的，都是为解决学生遇到的心理问题而进行工作的。最终期望达到的目标也是相同的，都是在努力通过一定的方式方法培养个体正确的世界观、人生观和价值观，提高个体的心理素质，促进个体健康、愉快、有意义地生活，最终实现个人潜能的最大激发，从而促进个体更好地成长和成才。辅导员是通过日常思想政治教育和管理，借助相应的中介载体开展工作的，配合相关管理部门和教学工作，致力于将学生培养成符合社会需要的社会主义合格人才。而心理咨询师则是通过与学生建立良好的咨询关系，帮助学生更好地认识自己的内心，克服自己面临的心理问题，走出心理阴影，阳光自信地面对生活与学习。①

（二）高校辅导员与心理咨询师工作的不同点

1.工作理念不同

在工作指导思想上，辅导员工作以马列主义、毛泽东思想和中国特色社

①王文莹.高校辅导员与心理咨询师的关系分析[J].长春教育学院学报，2012，28(12)：15-16.

会主义理论体系为指导，心理咨询师工作主要以心理学、健康学和社会教育学等理论为指导。在工作理念上，辅导员的主体地位决定其需要更多地采用关怀引导、说理疏导、道德评价、批评教育、以身作则等方式开展工作，可以说，辅导员工作不仅需要强调善恶美丑，而且更要规范是非对错，使整个教育管理工作充满强烈的价值观教育色彩。而心理咨询师在整个咨询过程中始终保持的是中立客观的态度和理念，这种咨询理念要求心理咨询师要站在来访者的立场来考虑其所处的境遇及遇到的问题，不论来访者所遇到的困惑有多么不合常理，心理咨询师都要以一种理解和包容的态度来回应，并且不予以评论，更不能以个人的价值观念来影响来访者。在咨询过程中，心理咨询师更多的是采用倾听、关注、接纳、积极回应等沟通方式，引导来访者对自身的问题进行理性思考，但不能帮助来访者解决具体问题或实际困难。这种咨访间平等的、非价值引导性质的交流方式，主要是帮助来访者重新建立起自尊心和自信心，从而依靠自己来解决问题。

2.工作要求不同

高校辅导员以专兼职的身份出现，被冠以“教育者”和“管理者”的姿态出现在学生面前，而心理咨询师则是根据国家要求，按照一定比例配备的，并不占据主导地位，真正居于主导地位的是来访者。当一个学生向心理咨询师寻求帮助，咨询相关心理问题时，作为心理咨询师，要同他平等地、非指导性地、无方向地、无判断地进行交谈，同时注重保密性原则，以提高来访者的自尊、自信和自助能力。但作为辅导员，就必须按照国家和社会教育的要求，通过“晓之以理，动之以情，导之以行”，对学生进行教育与指导，为其指明改正的方向，帮助学生做出是非对错的判断。

3.工作方法不同

辅导员所采用的主要是显性教育与隐性教育相结合的方法，显性教育主要包括理论灌输、思想传播和强化行为习惯等，而隐性教育主要是指改变说教和灌输的教育方式，将教育目标与价值引导相结合，以客观中立、轻松活泼的累积效应，实现大学生思想教育从“被动接受”向“能动选择”的转变，包括校园文化、校园生活、隐性课程、师德师风和社会活动体系等。心理咨询师的工作方法主要侧重于学生感情的释放与疏导，注重倾听与感情交流，对学生的心理障碍进行启迪和调整,一般采用心理测试法、精神分析法、行为疗法和认知疗法等。在心理咨询中,心理咨询师对学生没有否定权,不以道德标准来做任何评判,不把自己的人生观和价值观强加给学生,而是理解、尊重、信任、接纳学生,帮助学生认识自己,克服心理障碍,巩筑健康心理世界。

二、高校辅导员与心理咨询师的关系

高校辅导员是心理咨询专业队伍的有效补充,既是当代大学生心理健康教育工作的时代要求,也是加强和改进大学生思想政治教育的迫切需要。那么,如何处理好辅导员与心理咨询师之间的关系,正确发挥思想政治教育和心理健康教育的功效,关键在于区分心理咨询的性质和类别,认清辅导员自身的角色属性和职能范围,准确定位工作对象,才能开展好高校大学生心理健康教育工作,实现辅导员与心理咨询师的良性互动与联动。

(一)高校辅导员——发展性心理咨询

发展性心理咨询是指根据个体身心发展的一般规律和特点,帮助不同年龄阶段的个体尽可能圆满地完成各自的心理发展课题,妥善地解决心理矛盾,帮助个体更好地认识自己和社会,开发个体的潜能,促进个体个性的发展和人格的完善。在大学生发展性心理咨询层级,辅导员应该发挥主体作用。作为大学生成长道路上的知心朋友和人生导师,辅导员除了用思想政治教育的方式方法教育和引导大学生发展外,更要学会把握大学生的心理特点和成长规律,运用心理咨询的方式方法,如关注、倾听、接纳、积极回应等沟通技巧,帮助他们分析问题的关键,引导他们树立正确的思想观念;鼓励他们以积极的心态面对困难,接受成长道路上必须面对的问题和责任,从而实现心理品质的最大优化与成长潜能的最大激发。

(二)心理咨询师——障碍性心理咨询

发展性心理咨询主要侧重于心理发展任务,强调促进人的心理成长,排除心理正常发展过程中的障碍。障碍性心理咨询则侧重于心理障碍层面的矫治,以消除或缓解心理障碍为工作目标。一个心理正常的人,因各类刺激引起焦虑、紧张、恐惧、抑郁等情绪问题,或者因各种挫折引起行为问题,并且影响其正常的社会功能的发挥,自我的心理平衡被打破,这时所要进行的心理咨询就是障碍性心理咨询。在这一层级,应充分发挥心理咨询师的专业优势,对来访者予以帮助。

(三)高校辅导员与心理咨询师的联动

高校辅导员与心理咨询师在大学生心理健康教育中应是相互补充、互动联动、形成教育合力的,这样才能增强大学生心理健康教育的实效性。辅导员在大学生新生心理普查工作中,应充分借助心理咨询中心的专业测量优势,及时与心理咨询师互动,把握学生的心理普查状况。在发展性心理咨询中,辅导员应积极邀请心理咨询师通过知识宣讲、心理讲座或心理训练等形式,普及心理健康知识,提高学生的心理自助能力。此外,辅导员应积极搜集反馈大学生存在的共性心理问题或个性心理问题,帮助心理咨询师更全面地了解来访者。特别是对心理危机预警的重点对象应予以特别关注,包括心理健康测评筛查出来的有心理障碍或心理疾病或自杀倾向的学生;遭遇突发事件或受到意外刺激后出现心理或行为异常的学生;学习压力大而导致出现心理或行为异常的学生;因情感问题、生活困难或就业问题等而导致出现心理或行为异常的学生;有严重心理疾病且出现心理或行为异常的学生等,必要时要及时转介心理咨询师,并做好相关信息的跟踪与反馈。实现辅导员与心理咨询师的良性互动,共同营造和谐的校园心理环境,以促进大学生全面发展和健康成长。

第三章　高校辅导员心理健康教育能力的标准

新时期，大学生的世界观、人生观和价值观呈现出多元化的特征，高校辅导员面临诸多新情况、新问题、新挑战。辅导员群体学科背景复杂多样，多数人没有经过专业化和系统化的心理健康教育，因此，心理健康教育意识淡薄、知识缺乏、能力不足，成为他们开展心理健康教育工作的瓶颈。新形势下，培养良好的心理健康教育能力成为新时期高校辅导员职业能力的迫切要求。

第一节　高校辅导员心理健康教育能力概述

高校辅导员是开展大学生思想政治教育的骨干力量，是高校学生日常思想政治教育和管理工作的组织者、实施者和指导者，建设一支高素质的辅导员队伍是学校有效开展德育工作和培养优秀人才的重要保证。

一、高校辅导员心理健康教育能力提升的必要性

（一）适应新时期高校思想政治教育工作的要求

党的十八大报告明确指出："加强和改进思想政治工作，要注重人文关怀和心理疏导，培育自尊自信、理性平和、积极向上的社会心态。"把人文关怀、心理疏导写进报告，说明党和国家对人民群众身体和心理健康的重视程度越来越高。思想问题产生的根源不仅仅是世界观、人生观和价值观的问题，还有可能是由不正确的认知、不良情绪、人格异常等心理问题引起的，因此，辅导员提升心理健康教育能力可以消除大学生思想形成和发展过程中

的心理障碍，消除学生对思想政治工作者的逆反心理，改进大学生思想政治教育工作的方式方法，最终有利于师生间和谐、信任和理解关系的建立，有利于促进大学生思想道德素质的提高。

（二）提高人才素质和人才培养质量

人才素质是指人们在先天生理的基础上，经过后天学习和社会实践形成的基本稳定的生理特点和思想行为以及潜在能力的总称。素质是指一个人能正确认识周围环境事物而生存，并挑战其环境事物而自觉贡献和服务社会的能力。它是个人全面发展的具体体现，既要有文化有内涵，又要心理素质高，也要身体素质好，在各个方面综合发展。《中共中央　国务院关于进一步加强和改进大学生思想政治教育的意见》明确指出："重视心理健康教育，注重培养大学生良好的心理品质和自尊、自爱、自律、自强的优良品格，并增强大学生克服困难、经受考验、承受挫折的能力。"辅导员心理健康教育能力的高低将直接关系到人才培养质量的高低。因此，辅导员只有不断提高心理健康教育能力，才能深刻把握学生心理发展的规律和特点，改进工作方式方法，创新教育模式，真正培养出知识扎实、社会实践能力强和心理素质过硬的人才，全面适应未来社会的发展变化。

（三）满足新时期大学生成长发展的需要

随着我国高等教育的深化改革，高等教育已经由精英教育阶段发展到大众化教育阶段。面对社会转型和市场经济竞争激烈的现实，大学生们开始意识到良好心理素质的重要性，迫切希望加强自身心理素质的培养。然而，目前我国高校的心理健康教育水平远远不能满足学生的需要，除了机构不全、组织落后、经费短缺等原因外，心理健康教育师资不足是当前制约高校心理健康教育发展的最大瓶颈。如果我们能够充分发挥相对比较庞大的辅导员队伍的作用，利用辅导员工作的优势和有利条件，拓展辅导员的职业能力，培养其良好的心理健康教育能力，可以有效弥补高校心理健康教育师资的严重不足。在现实生活中，大学生群体的心理特点也迫切需要辅导员具备熟练的心理健康教育能力。可以说，辅导员心理健康教育能力的提升不仅能够对学生的心理困惑和心理压力给予咨询意见和正确指导，而且可以疏导学生的内心冲突和不良情绪，同时更能优化学生的心理品质，健全学生的人格，激发学生的心理潜能。

(四)提升辅导员的自身素质和教育管理水平

辅导员是大学生思想政治教育的骨干力量，位于大学生思想政治教育的第一线。辅导员队伍的整体素质和战斗力水平，直接影响高校德育工作的整体效果。目前，这支队伍在整体建设水平上还存在一些不足，其中一个重要问题就是他们的心理素质不够硬，知识水平和能力结构还不能很好地适应新时期大学生心理健康教育发展的需要。虽然他们的学历层次在不断提高，但他们的自我意识、自我调控能力、知识结构和教育管理能力等方面与所承担工作的要求还有很大差距，不仅自身的心理素质和健康水平亟待提升，还缺乏对学生开展心理健康教育的知识储备与咨询指导能力。因此，辅导员学习心理学相关知识，掌握必要的心理健康教育的方式方法与心理咨询技能，在深入把握大学生的心理发展规律与成长特点的基础上，了解大学生的心理需求，根据学生的思想动态和心理状况来开展相应的教育与引导，这不仅能够提升辅导员自身的心理素质和心理健康水平，还有利于辅导员队伍职业能力的拓展与提升。

二、高校辅导员心理健康教育能力的内涵

(一)心理健康教育能力的定义

心理健康教育能力的内涵丰富，外延广泛，理论界尚未对其有一个统一的定义。郑和钧教授认为，心理教育能力是符合心理教育活动要求，影响心理教育效率的个体特征的综合。[①]班华教授根据对心理健康教育内容的理解将心理健康教育能力分为学习指导能力、情感教育能力、性心理教育能力、人际关系指导能力、健全性格培养能力、挫折承受能力、自我调适能力等。也有学者根据班华教授对心理健康教育能力的理解提出，心理健康教育能

①郑和钧.论教师心理教育能力的培养[J].教育研究，1998，19(11)：27.

力是在教育教学活动中，维护受教育者的心理健康，充分发挥其心理潜能，培养其良好的心理素质和促进其个性全面发展的能力。[①]本研究中所提到的心理健康教育能力，是指拥有心理学相关知识储备，掌握心理健康教育与咨询的方式方法，具备开展心理素质培养、优化和识别、处理心理危机的能力。

（二）高校辅导员心理健康教育能力

高校辅导员心理健康教育能力是指辅导员在拥有心理健康教育和咨询知识、技能的基础上，面向全体学生，以优化大学生的心理素质、维护心理健康为重点，开展心理健康宣传与教育、心理素质训练、心理辅导活动及心理危机干预与处理的能力。它是辅导员重要的职业能力之一，已经融入大学生日常思想政治教育的各个方面。

三、高校辅导员心理健康教育能力的内容

高校辅导员心理健康教育能力包括基础能力和拓展能力，基础能力是辅导员开展大学生心理健康教育与咨询的必备能力，拓展能力是辅导员在心理健康教育与咨询基础能力上的进一步提升，同时各项能力之间具有互补性。

（一）基础能力

辅导员心理健康教育与咨询基础能力是开展大学生心理健康教育的前提与基础条件，只有具备这项能力，辅导员开展的心理健康教育才能持续、良性发展。否则，辅导员开展的心理健康教育只能停留在浅层或支离破碎的状态。辅导员心理健康教育与咨询基础能力主要体现在以下九个方面：

1.掌握心理学相关知识

心理学是一门研究人类的心理现象、精神功能和行为的科学，既是一门理论学科，也是一门应用学科。掌握心理学相关知识，特别是大学生心理健康教育的理论知识，能够让辅导员在工作中充分结合理论，更好地开展大学生心理健康教育与咨询工作，做到对行为进行准确观察，在适宜的水平上客

①顾永安.心理教育能力的内涵与特征探析[J].常熟理工学院学报，2006(1)：92.

观地描述行为，解释行为产生的原因，预测行为何时会发生，以达到调整不良行为的目的。

2. 自我认知

自我认知是心理学的重要内容，是对自己的洞察和理解，包括自我观察和自我评价。自我观察是指对自己的感知、思维和意向等方面的觉察；自我评价是指对自己的想法、期望、行为及人格特征的判断与评估，这是自我调节的重要条件。在日常生活中，如果一个人不能正确地认知自我，看不到自己的长处，觉得处处不如别人，就会丧失信心，产生自卑心理；相反，如果一个人过高地评价自己，就会过于自信、盲目乐观，导致工作出现失误。因此，恰当地认识自我，实事求是地评价自己，是自我调节和人格完善的重要前提。

辅导员工作纷繁复杂、千头万绪，且是一门艺术性很强的职业。辅导员只有正确地认识自我，才能以一种积极的心态和高效的方式方法开展日常思想政治教育工作。辅导员的自我认知能力包括能够识别、表露自己的情感，能够调整自己情感的波动，能够不断探索自我，对自己职业的发展趋势有明确的认识，且朝着既定方向不断进取。辅导员只有对自己的身体、心理、精神等各方面有清晰的认知，才能在日常心理健康教育与咨询中做出准确判断，才能更好地开展心理健康教育与咨询工作。

3. 自控力

自控力是指辅导员在面对压力、干扰时，能保持良好的心态，能控制自己的情绪保持冷静，防止不适当言语和行为发生的能力。调查研究显示，大部分辅导员在日常思想政治教育和管理工作中，事务繁忙，工作压力大，易产生负面情绪和职业倦怠感。可以说，辅导员的自我控制能力直接影响心理健康教育与咨询的效果。因为带有任何负面或倦怠情绪的心理健康教育与咨询，都不能达到应有的帮助求助学生的效果。有可能会适得其反，对求助的学生产生伤害，影响其健康成长。

4. 共情

共情是一种能设身处地体验他人处境（包括他人的感受、需求、欲望、恐惧等），从而感受和理解他人情感的能力，更是一种体验别人内心世界的能力。辅导员的共情能力主要包括学会倾听、准确感受他人、准确理解他人的能力。学会倾听不仅指听取其口语表达的内容，还包括观察学生非语言的行为，如动作、表情、声音和态度等。在倾听的基础上，辅导员才能准确推断学生的感受、信念和态度，并把这些感受、信念和态度有效地传达给对方，求助的学生才会真正感受到老师对他的理解，从而产生一种温暖、被接纳及舒畅的满足感，才能更充分地倾诉，使心理健康教育与咨询产生应有的效果。

5. 概念性思考

概念性思考主要是指应用分析、综合、归纳、演绎的方法来处理被考察事物，通过形成概念来代表被考察事物，以及通过形成概念之间的关系来代表被考察事物之间的相互联系的一种思维方法。辅导员在开展日常心理健康教育与咨询工作的过程中，求助学生的表达有时会不清楚、混乱，甚至会沉默，要使问题清晰化，突出咨询的本质问题，辅导员应该具有概念性的思考能力，学会找出不同情况之间的联系和复杂情况中的关键问题，能够利用分析、综合、归纳、演绎或推理等方法深化咨询的内容，进而做到深层次的教育与引导。

6. 语言表达

语言表达能力具体是指用词准确，语意明白，结构妥帖，语句简洁，文理贯通，语言平易，合乎规范，能把客观概念表述得清晰、准确、连贯、得体的能力。辅导员心理健康教育与咨询工作，更多地体现在交流和引导上。因此，辅导员的语言表达能力在工作中的重要性毋庸置疑，辅导员在教育学生的过程中，应努力提高个人的语言表达能力，做到以下四个方面：多听，是在与别人交流的时候多听别人的说话方式，从中学习其好的说话技巧，从而提高自己的语言表达能力；多读，是多读好书，培养好的阅读习惯，从书中汲取语言表达的方式方法和技巧，不断增加语言的素材；多说，并不是乱说，而是有准备、有计划、有条理地去说，或者是介绍，或者是演讲，要说得好、说得精彩，必须有充分的准备，而这一准备过程和实际说的过程，就是在练习语言表达的过程；多写，是平日里养成多动笔的习惯，把日常的观察、心得以各种形式记录下来，定期进行思维加工和整理，变成自己语言表达的素材。

7. 尊重他人

尊重他人是指在价值、尊严、人格等方面与来访者平等相待，把来访者作为有思想感情、内心体验、生活追求、独特性与自主性的活生生的人去对待。尊重应当体现为对来访者的现状、价值观、人格和权益的接纳、关注和爱护。辅导员应充分尊重前来求助的学生，能够让学生感受到被尊重、被理解、被接纳，进而获得一种自我价值感。另外，尊重能够让学生对老师产生信任感，强化咨询动机，端正合作态度，增加咨询的主动性、自觉性等，进而创造一个安全、温暖的咨询氛围。辅导员尊重求助的学生主要体现在两个方面：一是真诚，辅导员应拥有真诚的心、真诚的情感和真诚的态度；二是无条件地积极关注，即无条件地关怀，不但包括长处，也包括短处。

8.培养他人

辅导员心理健康教育与咨询工作的最终目标是培养学生，促进学生成长、成才，主要包括两个方面：一是优化学生的心理品质，充分挖掘学生的潜能。辅导员主要利用心理学的相关知识和技能，关注大学生积极的、正性的一面，提高其自我成长能力，面向全体学生，改变传统中关注少数群体和注重治疗的现象。二是心理危机识别和干预能力。立足教育，重在预防，以积极识别与干预为手段，增强大学生克服困难、承受挫折和应对危机的能力。

9.影响力

影响力是指辅导员在开展心理健康教育与咨询工作的过程中采用言语教育（安慰、建议、劝告）和非言语教育（榜样示范）的方式方法，引起受教育者做出预期反应的感召力量。它在本质上体现的是辅导员内在的人格魅力与能力，也是在教育和引导学生中表现出的一种人格力量，这种力量是无形的、自然而然的，是一种境界，时刻影响着周围的学生。影响力不是说有就有的，但它是可以逐步提高的。首先，辅导员的影响力主要体现在自身内在修养的提升；其次，辅导员的影响力体现在日常的点点滴滴中，对于大学生群体而言，他们认为辅导员值得信赖，拥有令人景仰的品格，而且他们会认为辅导员是他们生命中有影响力的人。如果他们的认识愈深，辅导员的信用愈好，那么辅导员的影响力提高得愈快。

(二)拓展能力

1.心理健康宣传与普及能力

辅导员开展心理健康教育与咨询工作的目的是为了提升大学生的心理素质,因此,面向全体学生进行心理健康宣传与普及工作是非常重要的,这就决定了辅导员在开展工作时必须具备心理健康教育知识的宣传与普及能力。首先,辅导员应拥有正确的宣传理念。除了宣传心理健康教育的知识和技巧外,更能营造一种人人关注心理健康的氛围,引领一种人人关注心理健康的潮流,让大学生群体能够主动关注自己的心理健康,感受自己的心理状况。因为有了这种意识,大学生就会不断寻求途径优化自己的心理素质,遇到心理困惑或问题时也不会遮遮掩掩,能主动求助,把问题消除在萌芽状态。如果辅导员仅仅停留在简单说教上,不但达不到应有的效果,还有可能会造成学生逆反心理的出现。其次,辅导员心理健康教育的宣传与普及工作必须通过一定的途径来开展,包括具体的活动载体等。而具体的宣传教育途径的选择与实施,直接影响整个宣传教育的效果。因此,辅导员在进行心理健康教育宣传与普及工作中,应拥有提前谋划、认真组织实施和效果及时反馈分析等能力。再次,辅导员应积极创新宣传的方式方法,开展具有专业特色的活动,让心理健康教育变成适合大众且容易操作的教育活动,起到应有的宣传教育的效果。最后,辅导员应积极利用新媒体载体,如利用网络进行心理健康的宣传教育,创造"线上"和"线下"教育互动的良好局面。

2.团体心理辅导与咨询能力

团体心理辅导是指在团体的情境下进行的一种心理辅导形式,它是通过团体内的人际交互作用,促使个体在交往中观察、学习、体验,认识自我、探索自我、改善与他人的关系,学习新的态度与行为方式,以促进良好的适应与发展的助人过程。与个体咨询相比较,团体心理辅导与咨询会有更多的成员参与,因而辅导员在开展团体心理辅导时会面对来自多个成员的依赖、挑战、移情等,处理的难度很大。如果误用、滥用和盗用团体心理咨询,不仅会使团体成员蒙受伤害,学习到错误的行为,加深其自卑感和挫败感,会破坏团体心理咨询的专业信誉。因此,从事团体心理咨询的辅导员在具备个体心理健康教育与咨询基础能力的同时，必须不断充实团体心理咨询的专业知识，掌握团体心理咨询的技巧，了解团体发展的过程，才能组织和实施有效的团体活动，协助成员真正地解决问题，促进他们在彼此互相接纳的气氛中获得成长。

3.心理危机识别与干预能力

心理危机是指由于突然遭受严重灾难、重大生活事件或精神压力，使生活状况发生明显的变化，尤其是出现了用现有的生活条件和经验难以克服的困难，以致使当事人陷于痛苦、不安状态，常伴有绝望、麻木不仁、焦虑，以及植物神经症状和行为障碍。从一般意义上来说，心理危机包括发展性危机、境遇性危机和存在性危机三种类型。发展性危机是指个人在正常成长和发展过程中，对急剧的变化或转变所产生的异常反应，如考试失败、性心理危机等。这些危机是大学生生命中必要和重大的转折点，每一次发展性危机的成功解决都是大学生走向成熟和完善的阶梯。境遇性危机是指突如其来、无法预料和难以控制的心理危机，如交通事故、家庭重大变故、自然灾害等。存在性危机是指一些人生中的重要事件出现问题，而导致的个人内心的冲突和焦虑，是伴随重要的人生目的、人生责任和未来发展等内部压力的冲突和焦虑的危机。可以说，几乎每一个人在成长过程中都会经历心理危机，但只要识别及时，并进行必要的干预，心理危机就不会导致极端行为。因此，辅导员对心理危机的识别能力是干预心理危机的前提，这要求辅导员要有敏锐的洞察力和敏捷的反应力，调动各方力量及时快速识别学生的心理危机。此外，识别心理危机后就进入了心理危机的干预和处理阶段，这要求辅导员应拥有充沛的精力，具备处事不惊的能力、危机预警能力和应激能力，最终通过多方力量帮助学生顺利化解心理危机，促进其健康成长。

第二节　高校辅导员心理健康教育的岗位职责

高校辅导员既是学生思想政治教育工作的骨干力量，又是教师队伍的重要组成部分，辅导员肩负着为党和国家培养全面发展的人才的重任。开展心理健康教育，培养全面发展的人才，是关系到民族未来、祖国兴衰的一项艰巨而迫切的任务。因此,探究高校辅导员如何在大学生中开展心理健康教育工作是十分必要的。

一、当前高校辅导员队伍岗位意识发展的困境

(一)复杂的专业结构背景

高校辅导员工作是一项涵盖组织学、心理学、管理学、社会学、伦理学和哲学等多学科的综合性职业,其工作内容包括思想引导、发展辅导、生活指导和组织管理等。因此,高校辅导员工作融专业知识、实践经验和能力为一体,集服务水平、态度、方法于一身,这决定了辅导员岗位是一个复合型的岗位,一名优秀的辅导员必须是具有专业素质的复合型人才。然而,目前高校辅导员的专业结构背景复杂,缺乏必要的教育学、心理学和管理学等方面的专业知识,在具体的工作和学习中,往往存在知识恐慌和本领危机,使工作难以深入开展。

(二)“非职业化”的工作理念

从党和国家的有关政策文件中可以看出,辅导员是高校教师队伍的重要组成部分,是培养社会主义事业合格建设者和可靠接班人的有生力量,有着独立的地位和专门的服务职责,内含特定的职业属性。然而,在现实生活中,高校并没有建立一支稳定的辅导员队伍,辅导员工作事实上缺失了“职业化的工作岗位和专业化的管理人员”属性,处于一种“非职业化”的状态。有些辅导员在工作中往往抱有“临时观念”,担心今后的前途和出路,不愿把辅导员工作作为终身职业。这种“非职业化”的工作态度和“临时观念”致使辅导员对前途感到迷茫,对职业的认同感普遍较差,难以建立职业自信心和荣誉感,更谈不上职业信念,最终成为制约辅导员队伍专业化和专家化的“瓶颈”,大大降低了辅导员的岗位职责意识。

(三)繁琐的工作事务

高校辅导员的工作繁琐复杂,涉及学生的思想、心理、学习、生活和就业

等各个方面,几乎与学校的各个职能部门都有工作交流。由于辅导员工作基本上没有硬性的指标任务,这样,高校的一些职能部门便把大量的工作压在辅导员身上,使辅导员往往忙于许多原本不属于自己职责的事务性工作中,"做中学"成为他们的工作状态,"保姆"和"办事员"成了他们的代名词。这种事务性管理和"等待性"工作使得辅导员的职责不明确,工作量增大。同时,这种繁琐的日常工作也使辅导员忘记了自己最根本的思想政治教育者的职责,更无暇顾及学习和研究。

(四)管理体制不完善和激励机制的匮乏

随着国内外形势的变化和我国高等教育事业的蓬勃发展,高校辅导员队伍的建设受到了党中央、国务院和各相关部门的强烈关注,自党中央、国务院在2004年8月出台了《关于进一步加强和改进大学生思想政治教育的意见》以来,国家教育部门针对辅导员队伍的建设和发展也相继出台了一系列文件和法规,对新时期辅导员队伍建设提出了新要求,也明确规定了高校辅导员队伍的职责、选拔配备、培养发展、管理和考核等。然而,在现实实践过程中,虽然高校都高度重视辅导员工作,但政策落实不足和管理体制不完善,致使辅导员队伍选拔配备、角色定位、管理、培训等方面还存在很多不足和困境。同时,相应的激励机制还没有建立起来,这些问题在一定程度上致使辅导员专业化和职业化水平较低,直接影响辅导员岗位工作的效果。

此外,在高校中,辅导员工作与待遇的反差直接影响辅导员的职业认同,影响辅导员工作的氛围和主动性。同时,高校针对辅导员的专门培训也相对缺乏,造成对辅导员工作的指导缺失,无法正确、有效和深入地开展相关岗位工作。

二、高校辅导员队伍建设的认识误区与辅导员心理健康教育

高校辅导员队伍建设的认识误区禁锢着辅导员的思想理念,约束了辅导员的职业规划,对辅导员心理健康教育岗位的职责意识产生了很大的消极影响。认识误区一:"辅导员工作只适合年轻人从事",从思想认识上影响了辅导员的岗位职责意识。在当前高校辅导员队伍建设过程中,队伍年轻

化是这一群体的主要特点，年轻人朝气蓬勃，干劲足，往往扑身于事务性的学生管理工作中，缺乏心理健康教育的职业规划。认识误区二："心理健康教育是专业心理咨询人员的事情，与己无关"，从实践上影响了辅导员心理健康教育与咨询工作的开展。辅导员在大多数人心目中往往被认为是行政工作人员，加上辅导员专业背景复杂，对心理健康教育认识不足，无暇顾及心理健康教育的知识积累与深化研究。认识误区三："辅导员属于非专业技术教师"，从工作氛围上不利于辅导员心理健康教育工作的深入。虽然现在国家教育部门和学校高度重视辅导员工作，但在高校具体工作中，辅导员仍然被认为是非专业技术教师，使得辅导员不能像专业教师那样开展培训和科研学习，整体影响了辅导员心理健康教育的水平。认识误区四："辅导员的分流转岗论"，从管理体制上，"非职业性"的特点制约了辅导员心理健康教育工作的稳定性发展。有些辅导员把自身的工作作为跳板，这样就导致辅导员队伍在岗时间短，人员更替频繁，制约了辅导员心理健康教育能力的良性发展，辅导员队伍的专业化发展也就很难推进。

三、高校辅导员心理健康教育的岗位职责

（一）开发职责

高校辅导员心理健康教育的开发职责主要是指发展性心理健康教育与引导。其实质是面向全体身心正常发展的学生进行心理健康教育，包括普及心理健康知识、传授心理保健技能和心理素质开发训练等，通过心理健康教育，不断提高学生自我认知、自我体验和自我控制的能力，以优化学生的心理素质，塑造学生健全的人格。辅导员心理健康教育的开发职责既维护了大学生的心理健康，预防大学生心理问题的出现，又能达到对学生心理潜能开发的目的。发展性心理健康教育可以在学校范围内以各种传媒工具或活动载体为中介进行，具体的培养目标包括：

1.认识自我，培养学生良好的自我意象

自我意象，一般用来指一个人内在的图像。培养良好的自我意象的关键在于正确的自我评价，应让大学生学会正确认识自己，有自知之明，不对

自己提出苛刻、非分的期望和要求，学会悦纳自我，既充分肯定自己的优点、长处，又能接受自己的短处、不足，通过扬长避短或者扬长补短来努力发掘自身的潜能。

2. 了解情绪，培养学生较强的适应能力

情绪是一种主观体验，是人们对客观事物的一种内心体验，反映人们对客观事物的态度。情绪对个人的生存发展有重要的作用，它能够影响和调节个人的认知活动，对个人适应自然环境或社会环境具有重要的影响。了解个人的心情、心境和感受，控制或平衡自己情绪的强烈程度，有助于大学生学会正视现实，对社会现状和未来发展具有清晰认识，主动适应社会和时代发展的要求，进而学会妥善处理学习、生活中遇到的各种困难和挫折。

3. 积极交往，培养学生的人际关系协调能力

正常的人际交往和良好的人际关系都是大学生心理正常发展、个性保持健康和生活具有幸福感的重要基础。因此，人际关系协调能力是当代大学生的一项重要素质，应培养学生树立积极的交往态度，学会接受他人、悦纳他人，认可别人存在的价值和作用，锻炼学生的人际交往技巧，培养学生的人际冲突处理能力，以提升其宽以待人、乐于助人的良好心理品质。

4. 澄清理念，培养学生良好的价值取向

随着现代社会的不断推进，社会思想的多元化已经成为社会的一种常态。大学生处在人生的重要发展阶段，思想尚未成熟，很多选择是在其现有的价值观的基础上做出的。因此，对学生进行价值澄清，帮助其理清自己的价值观与理念，培养其良好的价值取向，有助于学生更好地成长与发展。

5. 增强意志，培养学生主动解决问题的能力

意志是指决定达到某种目的而产生的心理状态，常以语言或行动表现出来。增强大学生的意志品质重点在于提升学生意志品质的自觉性、主动性、果断性、自制性及坚韧性。大学生在人生发展的重要阶段，会遇到各方面的挫折与压力，培养其迎难而上、主动解决问题的能力，是完善大学生人格的重要举措。

(二)调节职责

辅导员心理健康教育的调节职责主要是指调节学生在日常生活与学习中困扰个人成长与发展的共性或个性心理问题,帮助学生培养与生活相适应的心理品质。这一群体的数量比较少,他们遇到的主要是适应问题、偶然的思想压力或人际关系处理不当而引起的负性情绪问题等,并伴随一些不良行为,但不存在明显的心理障碍。表现在生活或学习中,他们内向或自我封闭、日常作息无计划无规律、感到生活茫然空虚、无视纪律我行我素、学习主动性较差、学习效率较低,甚至对学校、社会及周边的人经常抱怨或怨恨,生活处于消极状态。这些心理问题如果不能得到很好的调节,有可能会转化为不良的人格品质或心理障碍。对于这些学生,辅导员应积极给予关注与引导,通过充分了解学生的成长背景,采取个别咨询、电话咨询、网络咨询或心理行为训练等多种形式,有针对性地对这些学生开展经常性的和及时有效的心理健康教育与引导,让学生树立主体意识,不断缓解心理压力,提升心理素质。

(三)矫正职责

辅导员心理健康教育的矫正职责主要是指辅导员矫正学生的心理和行为障碍的职责。在高校,因心理危机而出现心理或行为障碍的学生存在一定的比例。出现心理障碍的学生,在正常生活、工作和学习中常出现不良情绪体验,以恐怖、焦虑、抑郁为主,导致学生厌学、经常性学习成绩不良等后果,有些学生还会出现经常性逃学、离家出走甚至出现违法乱纪行为,这些学生因心理和行为障碍造成的不良后果很多,主要表现为成长受阻、精神长期痛苦和生活质量低下等,严重的可能导致自杀或犯罪行为。辅导员必须在自我能够掌控的范围内运用相关的心理知识和技能对这类学生进行干预。辅导员在干预的过程中,应积极调动班级及宿舍同学的力量,及时掌握反馈学生的情况,同时积极联系学生家长,通过合力来帮助学生解决心理障碍。此时,辅导员应做好相关心理障碍学生失控情况下转介的准备工作。

(四)转介职责

辅导员在心理危机干预中一定不能扮演“专业人员”,不能轻易做出判断,如果贻误了干预的最佳时机,将会造成不可估量的后果。心理咨询专业人员才是对大学生心理危机进行干预的关键,高校心理咨询专业人员一般为高起点、高水平地开展心理危机干预提供了有力保障。学生的心理危机和心理疾病等问题在辅导员无法掌控的情况下,应及时转介,因为只有真正的心理咨询和治疗才能有效地解决此类学生的心理问题。同时,辅导员要密切配合心理咨询专业人员开展心理咨询工作。由于心理咨询专业人员也有自己的专业局限性,所以在面对一些有较严重的心理障碍甚至是精神疾病的学生时,应根据心理咨询专业人员的建议,适时转介给专科医院。

第三节　高校辅导员心理健康教育能力的细化标准

一、高校辅导员职业能力标准概述

为进一步加强高校辅导员队伍建设,推动高校辅导员队伍专业化、职业化发展,提升大学生思想政治教育工作的质量,《高等学校辅导员职业能力标准(暂行)》得以制定。本标准规定高校辅导员是履行高等学校学生工作职责的专业人员,要经过系统地培养与培训,具有良好的职业道德,掌握系统的专业知识和专业技能。此文件是国家对高校辅导员专业素质的基本要求,是高校辅导员开展学生工作的基本规范,是引领高校辅导员专业化、职业化发展的基本准则,是高校辅导员培养、准入、培训、考核等工作的基本依据。此标准把辅导员的职业功能划分为九大领域,每个领域又细分为三个职业等级。辅导员职业功能的九大领域涵盖了辅导员日常教育与管理工作的各项内容,且在辅导员具体工作中互相呼应与融合。初级辅导员的职业标准所涉及的九大领域的工作内容是辅导员开展日常工作的主要内容,因此初级辅导员职业标准所规定的相关内容及能力要求,辅导员必须都要具备。辅导员经过入职培训并取得相应证书后,开始从事辅导员工作。由于辅导员工作的性质,决定了其必须具备思想政治教育工作相关学科的宽口径知识储备,但目前辅导员的专业结构背景复杂且没有特定要求。因此,入职后的辅导员必须经过知识重组,逐步了解马克思主义理论、哲学、政治学、教育学、社会学、心理学、管理学、伦理学、法学等学科的基本原理和基础知识,才能胜任工作。由于辅导员的个体差异,初级辅导员的一般工作年限为1~3年,经过理论知识积累和实践探索,辅导员的知识能力得到提升,中级辅导员职业标准是辅导员职业化与专业化的重要基础。中级辅导员的一般工作年限为4~8年,具备一定的工作经验,培养了较强的研究能力,积累了一定的理论和实践成果。中级辅导员职业标准除涵盖初级辅导员职业标准的内容要求外,在各项职业能力上有了更高的要求,中级辅导员的职业标准所涵盖的工作内容及能力要求也是辅导员必须要拥有和具备的。辅导员在工作生涯中,由于相关知识的积累及技能的提升,逐步向专家化方向发展。当然,由于局限性,辅导员不可能在所有领域都能实现专家化发展,但可以根据个人专长和特长,选择某一领域进行深化理论研究和实践探索,逐步发展自己,进而取得相关要求的能力和科学研究成果。因此,标准规定高级辅导员的一般工作年限为8年以上,具有丰富的实践经验,较高的理论水平和学术修养。高级辅导员的职业标准除涵盖中级辅导员的职业标准的内容要求外,还要在思想政治教育工作的某一领域有深入的研究并产生有影响力的成果,成为该领域的专家。

二、高校辅导员心理健康教育与咨询能力标准

辅导员心理健康教育与咨询能力是辅导员重要的职业能力之一,因为辅导员心理健康教育涉及大学生的生活、学习、人际交往、职业生涯规划和就业等各个领域,且随着社会的发展,心理问题在各个领域更加凸显。因此,加强大学生心理健康教育,细化辅导员心理健康教育与咨询能力标准,是辅导员明确职业能力和提升工作实效性的重要举措。

(一)初级标准

1. 协助学校心理健康教育机构开展心理健康筛查

心理健康教育机构是我国高校实施大学生心理健康教育的组织保障。关于心理健康教育机构名称的确定,目前国内高校中大体有以下几类:大学生心理健康教育中心,大学生心理咨询中心,大学生心理健康教育与咨询中心,大学生心理健康指导中心,大学生心理健康教育与服务中心,大学生心理咨询与辅导站,大学生心理测评中心,大学生心理健康研究中心等。在心理健康教育机构的设置上,安徽省高校中的心理健康教育机构绝大多数设于学生工作处(部)。从工作机构的定位来看,心理健康教育是德育的重要组成部分,必须结合学生学习生活的实际去开展。因此,大学生心理健康教育不仅是组织机构工作人员和心理健康教育专业人员的事,而且是辅导员工作队伍的职责,这项工作更多体现的是合力,具有很强的互补性。目前,每一年新生入学,高校心理健康教育机构都会组织学生进行心理健康普查及定期心理健康筛查等工作。由于辅导员是学生直接的教育者和管理者,辅导员在具体工作中应认真组织、协调、协助机构工作的开展,及时与机构工作人员及专业人员联系,在专业人员的帮助下,初步了解所带学生的心理特点,建立学生的心理健康档案,了解学生心理异常的判断标准及学校心理健康教育的教育性原则、全体性原则、差异性原则、主体性原则、整体性原则和保密性原则等。

2. 对学生进行一般心理问题的排查和疏导

具备辅导员心理健康教育与咨询的基本能力,掌握心理学相关知识,特别是积极心理学和大学生心理健康教育等理论知识,对学生进行一般心理问题的排查和疏导,熟悉大学生常见的发展性心理问题,掌握心理咨询的方法、技巧(具有良好的自我认知能力,掌握倾听、共情、尊重等沟通技巧),拥有良好的概念性思考和语言表达,从而促进大学生形成健康的心理和健全的人格。在日常工作的开展中,辅导员要能够与大学生建立积极有效的师生关系,并拥有一定的影响力,积极帮助学生调适一般的心理问题。

3. 组织开展心理健康教育宣传活动

心理健康教育宣传活动的开展对于增强大学生的心理健康意识、丰富大学生心理健康方面的知识具有重要意义，它是大学生心理健康教育的一种显性教育方式，可以让学生直接接触和感知，并能通过参与活动切身体验，从而让大学生有针对性地对照自身。辅导员在实际工作中，应结合学生专业、年级和思想实际，组织开展形式多样的心理健康教育宣传活动，如举办心理健康讲座、设计心理知识宣传展板等，或组织学生参加陶冶情操、磨炼意志的各种文体活动，如心理知识竞赛、心理视频电影观后感分享等，从而提高学生的心理健康水平。

（二）中级标准

1. 专业知识与技能的掌握

心理咨询师是协助来访者解决各类心理问题的专业人士。心理咨询最一般、最主要的对象，是心理健康的人群或存在一般心理问题的人群。心理健康的人群会面对家庭、择业、求学、社会适应等问题，期待做出理想的选择，顺利地度过人生的各个阶段，求得自身能力最大限度地发挥和寻求生活的良好质量。心理咨询师可以从心理学的角度，提供中肯的发展咨询，给出相应的帮助。高校辅导员工作虽与心理咨询师工作的性质存在较大差距，但在具体工作中离不开心理咨询的知识、技能及技巧。通过相关专业培训，高校辅导员要掌握基础心理学、社会心理学、发展心理学、变态心理学、健康心理学、心理测量学、咨询心理学等基础知识，了解心理诊断技能、心理测量技能和心理咨询技能等操作技能。

高校辅导员要能对一般心理问题、严重心理问题和神经症性问题等进行初步识别，了解转介心理咨询中心或精神卫生医院的适用条件和相关程序。

2. 心理测量的实施

心理测量是根据一定的心理学相关理论，使用一定的操作程序，遵循一定的规范，对人的行为以及心理属性予以量化。心理测量可以为心理咨询或治疗提供参考，帮助咨询者与来访者明确心理问题的表现及其产生的原因,从而更有针对性地解决问题。辅导员在开展心理测量的过程中,需要在专业人士的指导下,根据一定的心理学理论知识实施,并对测量出的结果进行正确解读和反馈。但需要注意的是,不能一味地依据测量的结果就对学生的某些问题予以定性,因为测量的结果只能供参考,不能绝对化和完全依赖,因为人的心理特征会在不同时期、不同心境以及不同背景下发生变化。

3.有效开展学生心理疏导工作

大学生在学习、生活以及人际交往等方面会面临诸多选择,当学生出现一些无法或难以处理的问题时,便易出现一些心理问题,辅导员要主动承担起维护学生心理健康的责任,既能协助相关部门处理类似问题,又能主动有效地开展心理疏导工作,帮助学生调节情绪。辅导员需通过走访学生宿舍、深入学生课堂、与学生聊天等,了解学生的生活、学习和人际关系状况,增强与学生的情感交流,利用情感优势引起学生的心灵共鸣,适时为学生创造不良心理的宣泄途径,引导学生合理解决问题,把心理问题扼杀在萌芽中。

4.初步开展心理危机的识别与干预

心理危机是大学生危机事件中占据比重较大的一类危机,主要是由心理疾病和心理问题引发的,辅导员对大学生心理危机如果能够进行有效识别和干预,就可以降低危机事件不良后果的发生,从而更好地维护学生的心理健康,促进校园和谐发展。辅导员要主动学习心理学相关理论知识,能识别大学生心理危机的症状并进行初步评估,且能配合学校、协助专家开展相关的心理危机干预工作。

5.相对系统地组织开展心理健康教育活动

加强大学生心理健康教育是新形势下全面贯彻党的教育方针、实施素质教育的重要举措,当前教育对象和环境的特点、高校的育人目标决定了辅导员必须扮演好学生身心健康发展的培育者角色,帮助大学生形成健全的人格,提高心理健康水平。辅导员是对大学生实施心理健康教育的主体力量之一,辅导员要发挥自身优势,善于借助学生干部的力量,通过培养心理委员、宿舍长、班干部等方法,培养学生自我管理、自我救助和朋辈互助的能力;充分利用网站、论坛等新媒体渠道了解学生的心理动态和心理需求,设计相对系统的心理健康教育整体方案;利用心理测试、心理咨询等手段,组织各种有益活动如爱心访谈、困难生帮扶等有目的地引导学生融入集体;利用学生社团组织开展形式多样的心理健康教育活动,塑造学生健康的心理。

(三)高级标准

思想政治教育与心理健康教育,二者既有区别又有联系,相互作用又相互影响。心理健康教育与思想政治教育具有一致的价值目标,健康的心理是促进思想政治教育内容内化为信念的重要因素,而思想政治教育的内容必然会经过受教育者心理过程的选择,当受教育者对思想政治教育的内容形成一种需要的心理时,教育内容才能内化为信念,可以说,二者相互依赖。因此,作为符合心理健康教育与咨询能力高级标准的辅导员,既是思想政治教育的骨干力量,又是心理健康教育方面的专家,能总结凝练实践工作经验,深入研究心理健康教育的规律。

辅导员要加强心理健康方面的培训,提高相应的工作能力,能进行危机评估、实施干预、妥善预后及跟踪回访;能够为学生提供心理咨询服务;开展心理健康方面的研究,形成相关的研究成果,在具有影响力的学术期刊上以第一作者身份发表5篇以上心理健康教育相关领域的学术论文;能够熟练利用理论和实际经验指导辅导员开展心理健康教育工作;能够为高校辅导员提供有效的心理健康教育培训;能讲授心理健康教育公共选修课。

第四节　高校辅导员心理健康教育能力结构模型与考评体系的构建

高校辅导员心理健康教育能力是高校辅导员的核心能力之一,结合当前大学生群体的特点,需要心理辅导的大学生的比例也越来越高,这对高校辅导员的心理健康教育能力提出了挑战。那么,如何衡量高校辅导员的心理健康教育能力呢?这就要求我们构建心理健康教育能力结构模型和基于模型的考评体系。

一、高校辅导员心理健康教育能力结构模型的构建

根据国家对当前人才培养的要求和当代大学生的特点，高校心理健康教育工作日益重要，对高校辅导员心理健康教育能力的要求也越来越精细化，结合大学生心理健康工作的实际，高校辅导员心理健康教育能力的结构模型。

高校辅导员要做好大学生心理健康教育工作，首先，自身必须具备充分的心理学理论知识，具备正确的自我认知能力、较好的自控力及自我调适能力；其次，大学生心理健康教育工作在学生工作中属于咨询服务类，工作对象是在校大学生，他们有知识、有独立思考能力、信息来源较广，这就要求辅导员要有较强的社交能力和熟练的谈话技巧，而这些统一归纳为高校辅导员心理健康教育能力的基础能力，也就是一级指标。它分为两个方面：一是自我发展能力；二是影响他人能力。一级指标中的另外一个考察方向是拓展能力，它是高校辅导员对基础能力的应用，也是做好心理健康教育的关键一环，关系到能否有效做好大学生心理健康教育工作。二级指标中的心理健康宣教能力、心理健康活动组织能力和心理咨询能力是大学生心理健康教育所必需的专业能力，它的提升建立在一定的心理学知识基础和具体的大学生心理健康问题的处理实践上。

根据高校辅导员心理健康教育工作的要求，从一级指标到二级指标再到三级指标，每一个下层指标都是对上层指标的分解和细化，上层指标包含下层指标，指标明确、层次清晰，详细分解了高校辅导员心理健康教育能力的内容。(见图3-1)

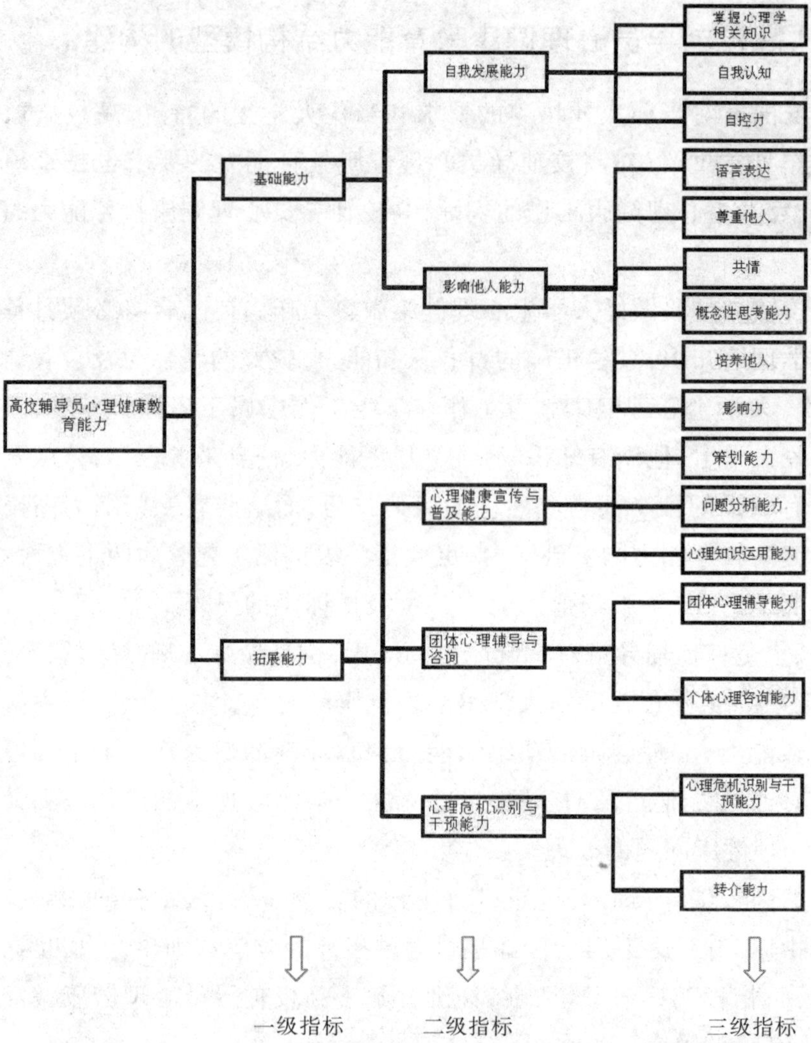

图3-1　高校辅导员心理健康教育能力的结构模型

二、高校辅导员心理健康教育能力考评体系的构建

高校辅导员心理健康教育能力的结构模型是基于心理健康教育工作的实际构建的，模型构建的重要意义是能应用于实践。根据模型可知，要重点加强高校辅导员的基础能力和拓展能力的培养，才能有利于高校辅导员开展大学生心理健康教育工作；模型构建的根本目的是应用，基于此，辅导员心理健康教育能力考评体系的构建应该是在辅导员心理健康教育能力结构

模型的基础上，通过考评各个指标，正确评价辅导员的心理健康教育能力，促使辅导员扬长补短、全面培养，从而促进大学生心理健康教育工作的有效开展。

（一）高校辅导员心理健康教育能力考评体系的构建思路

高校辅导员心理健康教育能力考评体系的构建要从实际校情出发，要遵循科学性、完整性、有用性的原则，要能真正应用到实践中，起到科学评价辅导员心理健康教育能力和督促辅导员心理健康教育能力提高的作用。根据这一目标，首先，要确定考评体系中的一级项目，然后在一级项目的基础上不断深化，细分出二级和三级考评子项目；其次，考评体系建立后要先进行实践检验，能达到考评体系的目的才能使用，经过调研、实践、修正、再实践等才能最后确定考评体系；最后，数据统计要科学、有效，考评的直接结果是大量的数据，数据要经过分析处理才能评价辅导员或比较辅导员心理健康教育能力的高低。考评体系的构建和应用要和辅导员的心理健康教育工作的实际及辅导员自身相结合，才能有效激发辅导员心理健康教育工作的激情，切实提高辅导员心理健康教育工作的成效。在考评的基础上，奖惩分明，制度合理、公开、明确，不能似是而非、模棱两可，以免降低考评工作的可行性和有效性，做到这些才有可能发挥考评的作用，促使辅导员找出自己的差距，找准努力的方向，在辅导员之间形成学、赶、超的良好工作氛围，也为学校树立高校辅导员心理健康教育工作的先进典范提供有力依据。

（二）高校辅导员心理健康教育能力的考评方法

高校辅导员心理健康教育能力的考评方法有多种，不同的考评方法对辅导员心理健康教育能力考评的侧重点不同，考评体系构建的关键在于考评方法的选择。根据不同的考评目的，选择恰当的考评方法，也可以综合运用多种考评方法对辅导员的心理健康教育能力进行综合全面的考核，从而给出合理公正的评价，这样才能对辅导员心理健康教育工作起到促进作用，这也是考评的基本出发点。

1.量化考评法

根据辅导员心理健康教育能力的结构模型，辅导员的心理健康教育能力的考评层次按照基础能力和拓展能力及其各自的子能力进行量化，如表3-1，对考评内容的评价都以数字的形式体现，考评的直接结果是获取很多和量化指标相对应的数据，然后对数据进行统计分析，最后根据分析结果评价辅导员心理健康教育能力的高低。这种量化考评法实际是采用统一的考评标准衡量辅导员的心理健康教育能力，优点是准确、受参评人主观因素的影响小。

表3-1　辅导员心理健康教育能力量化考评参考模式一览

考评项 \ 分值 \ 评定等级		A优秀	B良好	C一般	D较差
基础能力	自我发展能力	16	13	10	7
	影响他人能力	24	21	18	15
拓展能力	心理健康宣教能力	19	16	13	10
	心理健康活动组织能力	17	14	11	8
	心理咨询能力	24	21	18	15

量化考评法需要注意以下几个方面：

（1）考评项目的权重分配：量化考评的优势是准确，考评标准的设计直接影响了考评的准确性，考评项目的权重分配，实际上就是给每个考评子项目赋予一个分值，而每个子项目的分值分配要以项目的重要性为依据。因此，在考评建模之前要做大量的针对性的调查，对各项子能力的重要性进行排名，重要性高的赋予分值高，以此确定每个子项目的分值，以降低主观因素的影响。

（2）考评项目的等级梯度差：每一个子项目的评定等级宜采用梯度递变的形式，等级变化数目一般在4～6个，等级设定过多，等级之间差异过小，增加了考评对象选择的困难程度；等级设定过少，等级差异过大，降低了考评的准确度。表3-1中，设定了4个等级，每个子能力的等级评定分值为一组等差数据，差值为3。

（3）参评对象及权重分配：在对辅导员心理健康教育能力的实际考评中，为了使考评更合理公正，参评人员可以来自不同的部门，如学校心理健康教育中心人员，他们是与辅导员心理健康工作密切相关的职能部门人群，一般是心理学专业领域的人士，他们的评价会从专业角度出发；学院领导是辅导员的直接领导者；同事代表、所带学生代表等。根据参评对象与辅导员工作的密切程度分配权重比例，可以参考表3-2。

表3-2　参评对象权重分配一览

参评对象	权重比例
学校心理健康教育中心人员	30%
学院领导	10%
同事代表	20%
所带学生代表	40%

2. 现场考评法

量化考评法的优势是数据具有精确性和可比性，但是也有其不足之处，比如量化考评依赖于各项子能力和参评对象的权重分配，实际上也存在不准确性；另外，辅导员本身作为被考评主体不能参与对自身的评价，处于被动的状态，量化考评是从辅导员之外的视角考虑，缺乏一定的公正性，而现场考评则恰好弥补了这一缺陷。对辅导员心理健康教育能力的现场考评可以采取多种方式，辅导员作为被考评的主体，可以在现场充分地展示自己，充分体现在考评中的主动性。比如，在辅导员技能比赛中常用的大学生心理健康问题案例分析法，考察辅导员对某一类型的大学生心理健康问题的认识、处理及启示等，主考官记录被考评者对案例的分析理解情况；也可以设定谈心谈话活动，再现心理健康教育或心理咨询的情景，辅导员和学生进行一对一谈话，考察辅导员运用心理健康知识的能力、谈心谈话技巧、应变能力等，主考官对辅导员的表现情况进行记录；也可以采取辅导员召开心理健康教育方面的主题班会的形式，考察辅导员对班会方案的策划能力、号召力、语言表达能力等。另外，也可以借用人才招聘中常用的面试法，提前设定几个问题，采取一问一答的方式进行考察。

现场考评的结果可以使用打分制和定性评价。打分制可以使用得分制，即对辅导员每一模块的表现进行打分，总分为每一模块得分的总和；也可以采用满分扣除制，设定每一模块的满分值，针对辅导员在现场考评中表现较差的地方进行减分。定性考评是对辅导员的表现不进行具体的评分，只进行等级评价，比如优秀、良好、合格、不合格等。参加表3-3。

表3-3　辅导员心理健康教育能力现场考评一览

被考评者序号	模块一 分数/等级	模块二 分数/等级	模块三 分数/等级	……	总分	总评
1						
2						
3						
……						
主考官姓名			日期	年	月	日

(三)考评数据统计分析

考评体系得以发挥作用的关键在于对数据的合理分析和处理，并根据数据分析对辅导员的心理健康教育能力进行纵横比较，合理评估，达到辅导员心理健康教育能力考评体系设计的最终目标。不同的统计方法，获取的考评信息也不尽相同。下面将介绍几种常用的数据统计分析的方法及其作用。

1.排序分析法，用于个体间横向比较

排序分析法是指将所有辅导员心理健康教育能力的有效综合成绩及其子能力的考评成绩按照数据大小排序，一个被考评的辅导员都对应一组考评数据，考评成绩的排列顺序能够反映相应的辅导员心理健康教育能力的综合成绩或子能力成绩的高低。这种排序分析法可以用于参评个体之间心理健康教育能力横向的比较，参评个体之间心理健康教育能力的差异可以通过个体间得分的差值大小来体现。排序分析法要求计算每位参评个体心理健康教育能力的综合成绩及各项考评了能力的成绩，考评数据的汇总需要经过多步计算。例如，采用加权法得到每位参评个体的最终成绩，若将参评群体及其权重分配按照表3-2进行计算，公式为：

$$sum=\bar{A}\times 30\%+\bar{B}\times 10\%+\bar{C}\times 20\%+\bar{D}\times 40\%,$$

通式为$sum=\sum\bar{T}\times\alpha$（$T\in$参评群体），其中，$\alpha$为参评群体的权重，$\bar{T}$为参评群体$T$的平均值。

排序分析法一般以折线图的形式呈现，具有直观、一目了然的优点。折线图可以同时分析综合成绩排名及各子能力的排名情况，这样既可以获得所有被考评辅导员心理健康教育能力的对比情况，也可以获取单项子能力对辅导员心理健康教育能力综合成绩的影响程度。如下图3-2是辅导员个体A、B、C、D、E、F心理健康教育能力的综合成绩排名及两个子能力的得分情况。据图3-2分析可得，A的两个子能力的得分较高，综合成绩较高，各项能力发展均衡；E、F各项得分均较低，综合成绩不高，各方面均需加强培养；E的综合成绩较低，但心理健康教育拓展能力得分较高，同时也可以看出正是E的基础能力较差，影响了其综合成绩，说明E的基础能力需进一步提高。

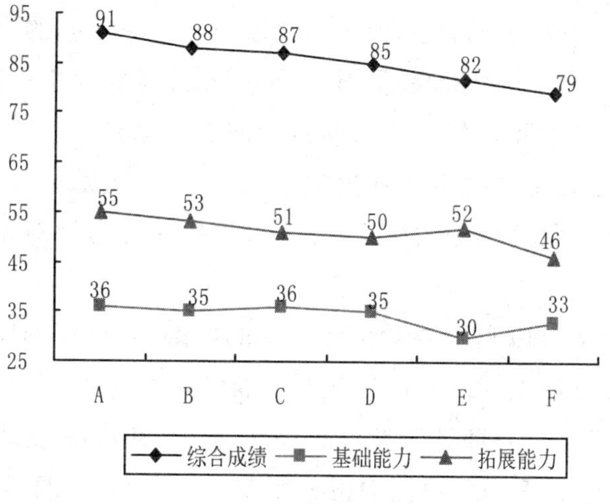

图3-2　辅导员心理健康教育综合成绩及子能力得分排名示意图

数据经过分析和处理后，可以将所有被考评辅导员划分为3～5个等级，可以分别记为甲、乙、丙、丁等。等级划分可以按照总分由高到低的顺序，也可以将总分划分为几个等级，根据每位被考评辅导员的得分将其归属于不同的等级。图3-2的考评结果按等级划分见表3-4（假设考评分值为X）。等级划分可以有针对性的对处于不同等级的被考评辅导员采取不同的奖惩措施，并开展不同内容和力度的教育培训。

表3-4 辅导员考评结果等级划分一览

等级	甲	乙	丙	丁
分值范围	$90 \leqslant X \leqslant 100$	$85 \leqslant X < 90$	$80 \leqslant X < 85$	$X < 80$
辅导员分类	A	B、C、D	E	F

2. 比较分析法，用于衡量考评指标间的均衡程度

比较分析法是将指定的心理健康教育能力项目的考评成绩转化为得分率，计算公式如下：

$$得分率=\frac{单项得分}{单项总分}\times 100\%$$

从公式可以看出，得分率是指某单项得分占该单项总分的百分比，它与排序分析法不同的是，排序分析法强调被考评对象之间的排名次序，比较的是被考评对象之间能力的高低，比较分析法强调被考评对象在能力项目间或不同被考评对象间在某个能力项目上的发展差异。不同的子能力项目因重要性不同，基础分的设定往往也是不同的，为了更加直观地体现同一项目下所有被考评对象的得分情况，可以先计算每位被考评对象的得分率，再进行横向比较。

比较分析法可以利用数学统计图中的柱形图，柱形图比较直观，较适合用于被考评辅导员之间的横向比较与分析。由图3-3分析可得，辅导员A、B整体发展较为均衡，心理健康教育的基础能力和拓展能力得分率均在87%以上；辅导员C、D、E、F的两项能力得分率差异较大，说明两项能力的发展程度不均衡；辅导员E的基础能力得分率最低，存在“瘸腿”现象，该项为其薄弱项，后期需有针对性的训练；辅导员F的拓展能力得分率最低，后期需要提高；比较分析法也可以只选择几项感兴趣的能力项目，分别按照公式转化为百分比形式，做成柱形图。

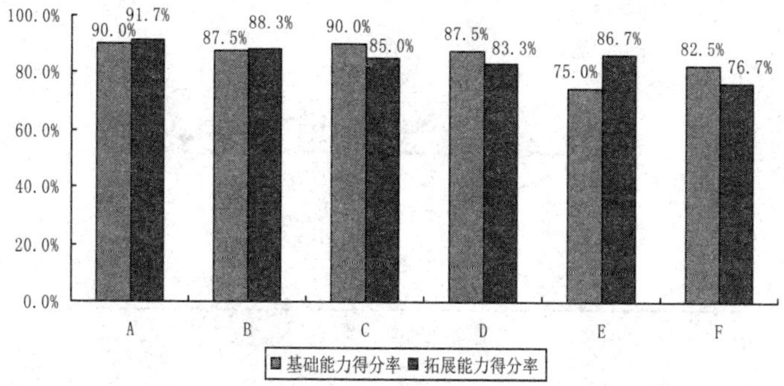

图3-3　辅导员单项得分率比较

3.趋势预测法,用于衡量能力的稳定性

趋势预测法是指对某一被考评个体在某一时期内的多次考评成绩进行对比分析,通过每次成绩相对于平均值的差异变化大小,对被考评个体的未来发展趋势进行预测。趋势预测法特别适用于对辅导员心理健康教育能力的动态监测和培养,也可用于心理健康教育方面的比赛选手的选拔。被考评个体在一定时间段内的成绩一般存在着波动性,波动的幅度可以通过统计学中的方差或标准差来衡量。在数学统计中,方差或标准差用来衡量数据的离散程度,方差或标准差越大,表明被考评个体的成绩偏离平均水平越远,成绩波动大,越不稳定;反之,成绩波动小,表明被考评个体心理健康教育能力的发展状况较为稳定。

例如:辅导员G心理健康教育能力的n次测量值x_1, x_2, …, x_n的方差的计算公式为:

$$s^2=\frac{1}{n-1}\sum_{i=1}^{n}(x_i-\bar{x})^2$$

其中,$\bar{x}$是n次测量的平均值。

趋势预测法也可以通过平滑线散点图来清晰呈现。分析下图3-4可得,辅导员G的四次成绩在90分上下波动,整体素质较高;但是,第二次考评成绩相对较低,波动幅度稍大,说明在此时间段内该辅导员的心理健康教育工作状态可能受到思想或生活方面干扰因素的影响,有必要引起重点关注和考察。

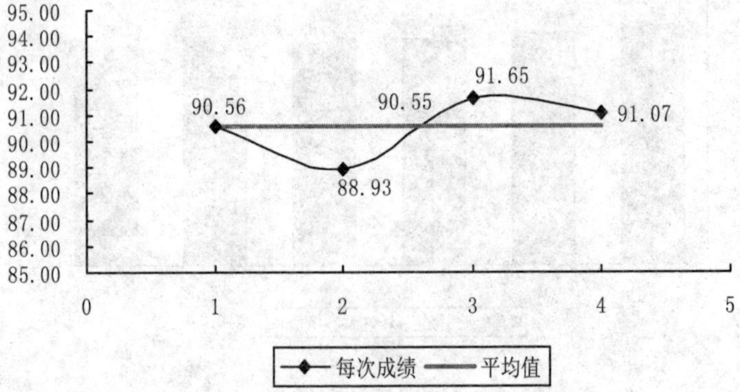

图3-4 辅导员G四次考评成绩

高校辅导员工作强度大、要求高，心理健康教育工作更是一刻不能松懈，辅导员心理健康教育能力结构模型和考评体系的构建可以根据本校的实际情况加以调整，但它一定是建立在实际调研的基础上的，要有效并且能够经得起实践的检验，才能更好地促进辅导员心理健康教育能力的提高，为高校大学生心理健康教育工作服务。

第四章　高校辅导员心理健康教育能力培训

《高等学校辅导员职业能力标准（暂行）》中对辅导员的职业功能进行了规定，其中心理健康教育与咨询明确了辅导员在心理健康教育方面要具备的能力要求。当前高校的教育对象和面临的环境日趋复杂，高校的育人目标以及辅导员的职业功能，要求辅导员必须扮演好自身的角色，要帮助大学生形成健全的人格，提高心理健康水平，而加强高校辅导员心理健康教育能力培训是提高辅导员工作能力的重要途径。

第一节　高校辅导员心理健康教育能力的培训方案

我国将辅导员作为高校心理健康教育师资队伍中的一支，无论是文件规定还是学情需要，都要重视辅导员在心理健康教育工作中的作用。21世纪，辅导员越来越多地参与大学生的心理健康教育工作，与专业心理学工作者共同致力于提升学生的心理品质，培养学生的健全人格。辅导员要依托已有的工作职能和范围，在教育、管理和服务学生的同时促进学生心理健康发展。

一、培训目的

辅导员心理健康教育培训是辅导员形成正确的心理健康教育角色意识、学习心理健康教育知识、掌握心理健康教育技能的重要途径，依托辅导员现有的工作范围和职责，将心理健康教育渗透到辅导员日常的教育、管理和服务工作中，充分发挥辅导员的个案管理者的角色，通过培训，促进辅导员队仇的专业化、职业化发展，促进辅导员队伍整体素质的提高。

(一)促进辅导员队伍的职业化

高校辅导员是教师队伍的重要组成部分,是高校从事德育工作和开展大学生思想政治教育的重要力量,承担着培养人、教育人的重要职责,对大学生的成长起着至关重要的作用。职业化是加强辅导员队伍建设的发展方向,长期以来,由于认识、管理机制等方面的问题,导致辅导员队伍建设发展滞后,辅导员更多地忙于学生日常事务的管理,对学生缺乏心理健康方面的教育引导及深层次的思想引领。辅导员队伍的职业化要求辅导员既要做好日常管理及服务育人工作,又要帮助学生养成良好的心理品质和自尊、自爱、自律、自强的优良品格,有效开发心理潜能,培养创新精神。加强辅导员培训工作,有利于辅导员明确职业发展的目标,提高职业发展能力,提高理论素养,真正认同和热爱辅导员岗位,有效运用多种方式、多种载体开展大学生思想政治教育、学生管理和心理健康教育工作。

(二)推动辅导员队伍发展

高校辅导员是学生日常思想政治教育和管理工作的组织者、实施者和指导者,是大学生健康成长的指导者和引路人。辅导员要掌握现代思想政治教育学的基本理论和应用方法,学习管理学、教育学、社会学和心理学等相关领域的知识,注重运用先进的科研成果和有关理论指导实际工作。

中共中央高度重视高校辅导员队伍建设,出台了一系列的文件,要求各级教育部门做好辅导员培训工作,辅导员心理健康教育能力培训就是其中的一种。辅导员心理健康教育能力培训有利于提高辅导员队伍自身的整体心理健康水平,拓宽辅导员的知识面尤其是心理健康教育方面的知识,从而帮助辅导员更好地组织开展形式多样的心理健康教育宣传活动,提高辅导员对大学生心理危机的识别和评估能力,把握好学生思想问题和心理问题的界限,为学生提供心理疏导,促进大学生心理健康发展。

(三)促进辅导员综合素质的提升

高校辅导员工作是一项综合性的教育、管理和服务性的工作,不但需要系统的思想政治教育学科的理论和方法，而且需要借鉴、吸取许多相关学科的理论知识和方法。辅导员面对的工作对象是大学生群体，他们思想活跃，存在着诸如学习、择业、交友、恋爱等引发的种种心理问题，辅导员需要学习和掌握多种知识，包括政治理论知识、心理学知识等。接受心理咨询与辅导培训，是帮助辅导员学习掌握心理学知识的重要途径，辅导员可以更好地把握心理问题的常见表现、成因，掌握处理心理问题的方法、技巧，提高心理健康教育工作的能力，为大学生提供有效的心理健康服务。

（四）促进大学生心理健康发展

加强和改进大学生心理健康教育是新形势下全面贯彻党的教育方针、推进素质教育的重要举措，是促进大学生健康成长、培养高素质合格人才的重要途径，是加强和改进大学生思想政治教育的重要任务。《教育部关于加强普通高等学校大学生心理健康教育工作的意见》中明确了高等学校大学生心理健康教育工作的主要任务和内容。其主要任务是根据大学生的心理特点，有针对性地讲授心理健康知识，开展辅导或咨询活动，帮助大学生树立心理健康意识，优化心理品质，增强心理调适能力和社会生活适应能力，预防和缓解心理问题。帮助他们处理好环境适应、自我管理、学习成才、人际交往、交友恋爱、求职择业、人格发展和情绪调节等方面的困惑，提高心理健康水平，促进德智体美等全面发展。

高等学校大学生心理健康教育工作的主要内容是宣传普及心理健康知识，使大学生认识自身，了解心理健康对成长成才的重要意义，树立心理健康意识；介绍增进心理健康的途径，使大学生提高应对挫折的能力和适应社会生活的能力；解析异常现象，使大学生了解常见心理问题产生的原因及主要表现，以科学的态度对待各种心理问题。

积极开展对从事大学生心理健康教育工作的专兼职教师的培训，尤其是对班主任和辅导员群体的培训，使他们不仅要在日常思想政治教育中发挥作用，也要在增进大学生心理健康、提高大学生心理素质中发挥积极作用。

二、培训原则

在对辅导员进行心理健康教育培训的过程中,应根据大学生群体和辅导员队伍的实际情况,并结合辅导员开展心理健康教育工作的需要,做到系统全面的培训。

(一)系统性

大学生心理健康教育是一项系统性工程,不能仅仅依靠某一个部门或某一项制度去解决,它需要协调家庭、学校和社会相关机构共同努力。而辅导员在这样一个系统性的工程中发挥了纽带的作用,协调各组织各成员共同为大学生心理健康发展营造一个良好的环境。辅导员的心理健康教育能力培训要根据辅导员的工作需要,通过深入的调查和分析,制定系统的培训方案,既要有知识理论的培训又要有理论运用的实操培训等。

(二)全面性

辅导员心理健康教育培训的目的旨在提高辅导员心理健康教育与咨询的能力。因此,辅导员心理健康教育培训需要培训的是整个辅导员群体,不仅要注重培训覆盖面,还要注重培训内容的全面,针对不同层级的辅导员群体,培训的内容分层分开而又不断层断开,要保证培训是一个全面性的培训,并根据辅导员的岗位需求建立多层级的全面培训系统,从而不断提高辅导员从事大学生心理健康教育工作的职业道德,促进其掌握所必备的基本理论、专业知识、技能水平。

(三)常态性

《教育部关于加强普通高等学校大学生心理健康教育工作的意见》中指出,近年来,各地教育工作部门和高等学校在推进与加强大学生心理健康教育工作方面做了大量的工作,进行了积极的探索,取得了一些成功的经验和明显的效果。但从总体上看,大学生心理健康教育工作远不能适应形势发展特别是全面推进素质教育的需要。为此,新形势下,需要进一步加强大学生心理健康教育工作，针对辅导员群体开展的心理健康教育能力培训应常态化，确保培训工作能够定时定期按质按量的进行。各地教育工作部门和高等学校，要切实加强对大学生心理健康教育培训工作的领导，做到培训工作的常规化常态化。

（四）针对性

学校心理健康教育培训是一项长期性、永久性的工作，培训的效果不可能一劳永逸，针对不同院校、不同专业背景甚至是不同地域的高校辅导员，要结合相应的工作实际建立层次化、针对性的多级培训体系。如根据辅导员专业化程度的不同可设置初级阶段的培训、中级阶段的培训和高级阶段的培训，根据辅导员工作的阶段可设置上岗培训、日常培训和专题研修等。

（五）实效性

心理健康教育是新时期辅导员工作的一项重要内容，心理学方法的运用可以增强辅导员学生工作的实效性。因而培训要注重实效性，切实让辅导员掌握相关的技能及解决问题的方法。培训可结合案例分析、角色扮演、专家示范、现场模拟、视频录音等多样化的实践方法，细化对每一项技能的学习，祛除辅导员对心理学方法的神秘化印象和对心理健康教育工作的错误认识，提高培训实效。

三、培训内容

马克思指出，一切划时代体系的真正内容都是由于产生这些体系的那个时期的需要而形成起来的。[①]受社会变迁的影响，我国大学生的心理问题更为复杂，风险行为增加，心理危机干预工作长期而艰巨，辅导员心理健康教育培训将会是一个长期性的过程，而辅导员的时间和精力有限，工作任务繁重，因此培训内容应建立在辅导员的工作需求和现实条件的基础之上，恰当整合，形成体系。

①马克思，恩格斯．马克思恩格斯全集：第3卷[M]．北京：人民出版社，1960：544.

(一)心理健康教育意识

世界卫生组织将“健康”定义为一种在身体上、精神上的完满状态,以及良好的适应力,而不仅仅是没有疾病和衰弱的状态。也就是人们所指的身心健康,一个人在躯体健康、心理健康、社会适应良好和道德健康四个方面都健全,才是完全健康的人。当前,复杂的社会环境的影响,多元文化并存的价值困境,以及学生生活、情感、就业、人际关系等因素的共同作用,大学生的心理健康面临极大挑战,如何引导学生积极应对挑战、培养健全的人格及良好的心理品质,成为一名身心健康的当代大学生,这需要辅导员队伍掌握多种理论知识和科学的工作方法。

心理健康教育意识是指辅导员认同自身对大学生进行心理健康教育的角色。对大学生进行心理健康教育已成为新时期高校辅导员学生工作的一项重要内容,是一项专业性要求较高的综合性的教育活动。目前,辅导员队伍中依然存在对自身角色认识不清、定位不明确的现象。一部分辅导员认为,心理健康教育是心理健康专业教师的职责所在,辅导员只需要做好学生思想政治教育相关工作就够了;还有一部分辅导员认为,自身没有能力去做心理健康教育工作,这是没有充分认识到辅导员职业能力标准中关于心理健康教育与咨询的内容要求。因此,辅导员需转变认识,转变工作思维,明确自身所承担的角色和任务,增强心理健康教育的意识。

(二)心理健康教育知识

心理健康教育知识包括生理发展的特点与规律,心理现象产生的机制和原理,心理咨询与治疗,心理障碍的识别与诊断以及心理危机的识别与干预等。

从《普通高等学校辅导员队伍建设规定》中辅导员选聘的标准和实际的辅导员队伍来看:一方面,辅导员的专业背景多元,仅有少部分毕业于心理学专业,拥有专业的心理学知识,而大部分来自非心理学专业。另一方面,刚工作的辅导员即使是硕士甚至是博士毕业,也仅是学校到学校,缺乏社会经历和经验,面对当前大学生群体关注的焦点问题、思想行为特点的变化、心理特点的变化，辅导员需与时俱进、不断创新，若不具备一定的理论素养和较全面的知识结构，很难正确解答学生的困惑，也很难做好学生的思想指导工作。因此，辅导员心理健康教育培训的一大内容应该是扩展辅导员的心理健康教育方面的知识，拓宽辅导员的知识结构，尤其是在当前的新媒体时代，还需要结合网络与大数据开展辅导员心理学知识和技能的培训，做好新形势下的学生心理健康的维护和调适工作。

（三）心理健康教育技能

辅导员作为思想政治教育工作的一线人员，与学生接触的机会最多、时间最长、了解最深，拥有解决学生思想和心理问题的得天独厚的优势。辅导员发现的问题最多，也感到问题越来越棘手。辅导员学习和掌握的心理学知识是辅导员开展心理健康教育工作的理论前提，但是如何开展心理健康教育工作则需要相应的技能。根据张倩对宿州学院的辅导员的调查研究发现，约50%的被调查对象认为最缺乏心理学基础理论知识和心理健康教育科研能力，而69.6%的被调查对象则认为他们最缺乏实践操作能力。[①]

出现这种情况的原因：一是大学生群体自身的变化，客观上要求辅导员要提高心理健康教育的技能。目前，在校的大学生大多是独生子女，是在经济条件不断改善和家长的百般宠爱中成长起来的一代，有的学生以自我为中心，缺乏责任感，感情用事，感情比较脆弱。许多调查结果显示，有相当一部分当代大学生存在心理障碍，而且其比例还有上升的趋势。此外，大学生见识广、懂得多，主观上要求辅导员要具备过硬的专业素质。二是新媒体技术的不断发展，多元文化并存，如何在多元文化中引导学生自觉弘扬社会主义核心价值观，自觉践行社会主义荣辱观，抵制各种消极腐朽落后的思想文化，这是辅导员群体面临的现实课题。因此，从学生群体的特点和辅导员工作的需要出发，迫切需要提高辅导员心理健康教育的技能，主要包括心理问题识别、心理案例分析与模拟、心理危机干预、常见心理问题的处理方法、心理问题的预防、辅导员自我减压、与学生的沟通等技能。

辅导员作为最基层的学生工作者，要对学生的心理问题迅速反馈、跟踪

①张倩.高校辅导员校本培训系统设计[D].长春：东北师范大学，2009：51.

辅导、及时防范,就必须具备心理健康教育意识,掌握一定的心理辅导与咨询的工作理论和技能,才能有效地开展大学生思想政治教育与心理健康教育工作。

四、培训的形式与方法

建设一支高素质的心理健康教育师资队伍是高校开展心理健康教育的前提,也是加强大学生心理健康教育的重要措施。大学生心理健康教育工作的成效在很大程度上取决于实施教育的这支队伍的素质。而要提高这支队伍的素质,培训是一个很重要的途径。培训能否真正取得效果,一方面取决于辅导员的学习程度,另一方面取决于培训的形式和方法是否契合辅导员的学习需求。

心理健康教育的培训既要有知识的培训,也要有技能的培训,应结合辅导员工作的实际,采取自主发展、合作引领、经验分享及课题拉动等多种形式来开展。为增强培训的效果,培训的形式应多样化。如学术性讲座,培训者可以就心理学基本知识、心理障碍的诊断标准、危机处理的流程等知识进行讲解;案例教学法能够使辅导员将工作实际与具体的案例结合起来,将两者融于一体去思考和行动,比较容易引起辅导员的兴趣;参与分享法可以增加辅导员的融入性,辅导员将自身的学习心得以及自身体验与大家分享,由他人指出问题并帮助改正,对于日后的工作实践大有裨益;任务驱动法使得辅导员参加培训有一种紧迫感,需要完成某项任务,而任务的设置需要注意难易程度,任务太难容易使辅导员失去信心和兴趣;自主学习法使得辅导员不仅在培训期间认真学习,而且在培训之后还需要消化、理解、吸收,内化于心,外化于行。

五、培训评估

培训评估是依据组织的目标和需求,运用科学的理论、方法和程序,从培训项目中收集信息和数据,以确定培训的价值和质量的过程。简单地说,它是一个系统收集描述性和判断性信息的过程。评价的真正目的是为了提高和改进培训项目,完善培训的计划,提高培训的效果,能使培训资源得到更广泛的推广和共享。

相比传统的教师和管理者的工作，学校心理健康教育工作有其独特性，心理健康教育工作的方法较为灵活，工作效果具有滞后性和隐蔽性，因而对于培训的评价既要做到过程性评价和结果评价相结合，还要做到自评、他评和互评相结合，形成科学的评价体系。

第二节　高校辅导员心理健康教育能力的培训模式

辅导员心理健康教育能力对于辅导员开展大学生心理健康教育工作起着至关重要的作用，也是辅导员职业能力的有机组成部分。当前，对于辅导员心理健康教育能力的重视程度有了很大的提升，但是对于如何提高辅导员心理健康教育能力以及如何在制度上保证辅导员心理健康教育能力的培训这些方面还需不断发展和完善。目前，主要存在培训制度不健全、培训形式单一化、培训原则滞后、培训内容和方法更新慢、培训评价和激励机制不健全等问题，无法满足辅导员职业化发展和专业化发展的要求。由此，可构建辅导员心理健康教育能力培训的体制机制，形成校本化的培训模式，来推动辅导员队伍建设，提高辅导员的职业化和专业化水平。

一、构建校本培训模式的必要性

“培训模式”是在一定的教育思想指导下，对培训过程的结构、程序和培训活动的方式方法、手段等各种因素进行优化组合及最佳设计所形成的相对稳定又具系统化、简易化的培训范型。[①]校本培训是以教师所在学校为基地，以教师在实际工作中遇到的问题为出发点，以学校的自身特点和资源为基础，以促进教师个人成长和学校发展为目的的培训活动。

（一）高校的发展需求

心理健康教育是一项专业性较强的工作，辅导员在对学生开展心理健康教育的过程中会遇到各种问题。这些问题既有普遍性也有特殊性。同

①唐文红．试论高校辅导员专业化培训模式的构建[J]．教育与职业，2007(24)：60.

时,不同的学校因管理制度、校园文化、专业设置、教育资源、教学水平、学生群体等方面的不同特点,导致学生心理问题表现出多样化,辅导员心理健康教育的重难点以及问题的解决方式呈现出差异性。

辅导员心理健康教育的校本培训就是以辅导员在心理健康教育实践中遇到的问题为出发点,以辅导员所在学校和学生的特点为基础,充分利用学校的资源,在专家的引领下制定辅导员心理健康教育校本培训方案,并采用多种培训形式开展针对辅导员心理健康教育的岗前和在职培训,满足学校发展的需求。相对于传统培训,校本培训更注重理论与实践的结合,培训内容更有针对性,目标更实在,方法更灵活。

(二)高校辅导员的工作需求

辅导员的工作对象是大学生,大学生群体思维活跃,内心世界丰富。辅导员要做好大学生心理健康教育工作,必须深入学生的内心世界,即精神生活领域。当代大学生的心理发展呈现出新的特征,日趋激烈的社会竞争、家庭望子成龙的强烈期盼、价值取向多元化、校园环境的变化和朋辈群体的影响都使得大学生在生活、学习、就业中面临着种种心理困惑和冲突,校本培训就是根据学校和学生群体的特点,把握学生群体的需求,贴近学生生活的实际,结合学校发生的实际案例,有针对性地对辅导员开展培训,增强培训的吸引力,最终提高辅导员的实际工作能力。

(三)辅导员的职业需求

高校辅导员是开展思想政治教育工作的骨干力量,应当以思想政治教育学科为依托,建立起系统的知识结构,不断提高专业知识和理论水平。

在辅导员的专业知识结构中,必须加以完备的是大学生思想政治教育相关学科的理论知识和方法,如政治学、伦理学、管理学、法学、信息科学以及心理学等。辅导员要针对岗位工作职能、职责的要求,学习借鉴相关学科知识中的有关原理,掌握学生日常教育和管理工作的专门化理论和应用方法。一是学生事务管理的知识和方法。辅导员要学习教育管理理论与模式、教育经济学的有关理论、法律基础知识等,熟悉我国高等教育管理的发展史,掌握高等学校行政管理规范等。二是心理健康教育的知识和方法。大学生正处在从不成熟走向成熟的过渡期,存在着过渡期特有的心理发展上的不平衡,诸如学习、生活、恋爱、择业等引发的种种心理问题。辅导员需要学习和掌握心理学、社会学的相关知识和理论,接受心理咨询和辅导培训。辅导员要通过心理健康教育和心理咨询,帮助学生正确地认识自我,排除心理困扰,预防心理疾病,维护心理健康,形成健全人格。

二、构建校本培训模式的可行性

校本培训是学校根据自己的发展目标,在对教师队伍的现状和能力进行系统评估的基础上,充分利用校内外的各种资源设计开展的,旨在满足学校发展需要,促进教师能力和水平不断提高的全员培训活动。[①]

(一)政策支持

《关于进一步加强和改进大学生心理健康教育的意见》中指出,加强和改进大学生心理健康教育是新形势下全面贯彻党的教育方针、推进素质教育的重要举措,是促进大学生健康成长、培养高素质合格人才的重要途径,是加强和改进大学生思想政治教育的重要任务。高校所有教职工都负有教育引导大学生健康成长的责任,要根据学生的思想动态和心理状况,在教学、管理和服务中,有意识、有针对性地做好教育引导工作。要重视大学生思想政治教育工作人员,特别是辅导员和班主任在大学生心理健康教育工作中的重要作用,加强培训,使他们了解和掌握心理健康教育的基本知识和方法,帮助大学生处理好学习成才、择业交友、健康生活等方面遇到的具体问题,提高思想政治教育的针对性和实效性。

2006年教育部《普通高等学校辅导员队伍建设规定》中明确指出,省、自治区、直辖市教育行政部门应当建立辅导员培训和研修基地,承担所在区域内高等学校辅导员的岗前培训、日常培训和骨干培训,对辅导员进行思想政治教育、时事政策、管理学、教育学、社会学和心理学以及就业指导、学生事务管理等方面的专业化辅导与培训,开展与辅导员工作相关的科学研究,各

①赵蒙成.校本培训:教师在职培训制度的创新[J].教育与职业,2000(3):9-11.

高校负责对本校辅导员进行系统培训。这些文件和规定从政策上规定了高校要根据本校的情况,负责对本校辅导员进行培训。

(二)学校的硬件支持

学校的硬件支持包含了学校的教学环境、学习环境、休闲娱乐环境,具体来说有教学设施(图书馆、机房、自习室、体育馆、教室、食堂)及校内自然环境等。大学校园拥有现代化的教学设施和新媒体资源平台,研究与调查表明,有着良好硬件支撑的高校更能带动学生的学习积极性,提高学生的学习效率,并为学生创造良好的学术氛围,教学科研的成果也更丰硕。同样,辅导员培训亦可以运用学校的硬件设施,从而为其提供硬件支持。

(三)学校的软件支持

大学是社会文化的中心,是社会理性文化与感性文化的策源地,具有人才培养、科学研究、服务社会、文化传承与创新、国际交流与合作五大职能。大学要完成自己的职能就必须具备一定的师资力量和科研人员,前清华大学校长梅贻琦曾指出,“所谓大学者,非谓有大楼之谓也,有大师之谓也”。“大师”指的是学识广博、占据学术拔尖地位、道德完善、人格高尚的老师,这是一所学校软件的主要组成部分。对辅导员的培训也是人才培养的一部分,可以充分利用高校现有的师资力量,也可以聘请知名教授开展讲座,丰富培训形式和内容。除此之外,高校的校园文化、文化传统、创新精神等都为辅导员培训提供了可借鉴和参考的资源。

三、校本培训模式的特点

(一)立足于学校

校本培训的主要培训基地是辅导员所在的院校,培训的主要内容是心理健康教育的相关内容:心理健康教育意识、心理健康教育知识以及心理健康教育技能,这些培训内容的开展都是立足于学校,针对学校的校情开展的。每个院校的发展理念、发展目标、发展规划各有特点,且每个院校都有自己的发展模式和实施路径，都有自己的特色专业和特殊优势，这是高等院校得以立足的基础。校本培训的开展立足于学校的实际，契合于学校的发展，得益于学校的资源。

（二）立足于学生

校本培训旨在满足学校发展的需求，促进辅导员能力和水平不断提高，而这样的培训也必须要立足于学生的实际。辅导员是开展大学生思想政治教育工作的骨干力量，辅导员工作的对象是大学生群体，因此辅导员工作的立足点必须是学生，辅导员必须深入大学生实际成长的生活环境，在“贴近”生活中提高教育工作的针对性。每一个大学生都是主体，拥有自己的主观意识和价值判断，有学习的主动性，也有践行自己价值观的自觉性。因此，辅导员必须关注学生内心世界的成长和发展，借鉴心理咨询的理论知识，探索心理认同和价值引导相结合的教育辅导机制，培养学生良好的思想道德品质和心理品质。

（三）立足于问题

辅导员心理健康教育的校本培训，形式多样，内涵深刻，外延广泛，既有专家开设的专题讲座，又有培训教师的示范引导，既有辅导员的自主学习，又有结合案例开展的案例分析，而这样形式多样的培训旨在提高辅导员解决实际问题的能力。培训的开展是分层级、多形式、阶段性的，都是结合学校学生的实际问题，包括已经发生过并成功解决的案例问题、学校学生普遍存在的共性问题和辅导员在工作中发现的学生个性问题等，这些问题涉及学生的学习、恋爱、择业、交友等领域，涉及学生的心理障碍、心理困境和心理疾病，校本培训正是立足于这些实际问题，并谋求解决这些问题的方法，汲取多方资源和力量而开设的。

第三节　高校辅导员心理健康教育能力的培训层级

当前，辅导员越来越多地参与到大学生心理健康教育工作中，与专业心理学工作者共同致力于提升学生的心理品质,培养学生的健全人格。受社会变迁的影响,我国大学生的心理问题更为复杂,提高辅导员的心理健康教育能力越来越迫切。如何提高辅导员的心理健康教育能力也是摆在高校面前的重大课题。教育部前部长袁贵仁在教育部直属高校大学生心理健康教育工作会议中指出:"要重视对学生辅导员和班主任进行心理健康教育的培训,使他们在日常思想教育过程中能够帮助学生解决一些心理问题。"

辅导员心理健康教育培训是一个长期性的过程,应根据辅导员的专业背景、工作岗位和工作需求等建立多层次化的培训机制。根据专业化程度的不同可设置初级阶段的培训、中级阶段的培训和高级阶段的培训,针对不同的层级选择不同的培训内容,同时对参培人员进行严格筛选以符合不同层级的培训条件;根据辅导员工作的阶段可设置上岗培训、日常培训和专题研修等。

一、初级阶段的培训

根据辅导员职业能力标准,初级辅导员的一般工作年限为1~3年,根据规定参加入职培训并取得相应证书。《关于进一步加强和改进大学生心理健康教育的意见》指出对大学生开展心理健康教育工作要体现在以下几个方面:(1)宣传普及心理健康知识,帮助大学生认识健康心理对成长成才的重要意义;(2)介绍增进心理健康的方法和途径,帮助大学生培养良好的心理品质;(3)解析心理现象,帮助大学生了解常见心理问题产生的主要原因及其表现;(4)传授心理调适方法,帮助大学生消除心理困惑。当前高校频发的学生心理危机迫切要求辅导员参与心理健康教育工作。根据这一现实需求,初级阶段的培训旨在提高辅导员心理健康教育方面的意识和相关理论知识。辅导员自身心理健康是辅导员开展心理健康教育工作的前提,主要的培训内容:辅导员心理健康教育的角色意识,增强辅导员对心理健康教育重要性的认识;心理健康教育的基础理论知识,协助学校心理健康教育机构开展心理筛查,对学生进行初步的心理问题的排查和疏导;组织开展心理健康教育宣传活动,引起学生对心理健康的重视;异常心理的识别和危机事件的处理,辅导员在学生心理危机中的作用等。

二、中级阶段的培训

心理健康教育是以促进学生心理健康发展为宗旨的教育活动。心理健康教育的独特内在规定性要求心理健康教育要以学生的健康全面发展为最终目的,心理健康教育应体现“预防为主,防治结合”的方针,依据辅导员职业能力标准中对辅导员心理健康教育与咨询能力的要求,中级阶段的培训是在初级阶段培训的基础上提高辅导员心理健康教育的技能。

心理健康教育的技能是指运用心理学的方法处理问题的动作方式和动作系统。辅导员在危机事件的预防和干预中主要是以参与者的身份进行系统的工作。因此,高校辅导员心理健康教育的技能包括预防技能、沟通技能、合作技能以及干预技能等。培训的内容包括辅导员的沟通技能以及一般心理问题的处理方法;能识别心理问题的严重程度,对严重的个案及时转介;有效开展学生心理疏导工作和实施心理测验;心理危机的识别和干预;系统地组织开展心理健康教育活动。

三、高级阶段的培训

高级阶段的辅导员要求具有丰富的实践经验,较高的理论水平和学术修养,高级阶段的培训的内容包括辅导员的自我探索、对不同治疗理论的理解、团体心理辅导、个体心理治疗等。高级阶段的培训是辅导员心理健康教育发展的较高阶段,是在前两个阶段较好地完成后的进阶阶段。在此阶段,辅导员善于总结凝练实践工作经验,深入研究把握心理健康教育的规律,成为心理健康教育的专家。

建设一支高素质的心理健康教育师资队伍是高校开展心理健康教育的前提,也是加强大学生心理健康教育的重要措施。大学生心理健康教育工作的成效很大程度上取决于实施教育的这支队伍的素质。因此,对辅导员的培训应严格按照培训的层级,充分把握辅导员对培训的需求,合理规划和安排培训,完善辅导员心理健康教育培训的制度建设,从而提高辅导员的心理健康教育能力,发挥辅导员在心理健康教育工作中的作用。

第四节　高校辅导员心理健康教育能力的培训方式

任务决定方法，方法为任务服务。方法是人们为了认识世界和改造世界，或为达到一定目的所采取的活动方式、程序和手段的总和。毛泽东同志高度重视方式方法的重要性，他说："我们的任务是过河，但是没有桥或船就不能过。不解决桥或船的问题，过河就是一句空话。"辅导员工作任务繁重，既要处理大学生的日常事务，又要做好学生党团、支部、班委会建设等工作；工作价值特殊，既要做好学生思想政治教育工作，培养学生良好的思想道德品质，又要做好学生心理健康教育工作，培养学生良好的心理品质；工作意义重要，辅导员是学校教师和干部队伍的重要组成部分，是学生的人生导师，是学生健康成长的知心朋友，为培养社会主义事业的合格建设者和可靠接班人做出了极为重要的贡献。面对繁重的工作任务和重要的工作使命，需要我们在开展辅导员心理健康教育培训时立足辅导员的工作需求，设计校本培训模式，采取形式多样、内涵丰富的培训方式，从而满足辅导员的需求，提高辅导员心理健康教育的水平。

一、专家引领式

如果没有教育科学理论作为基础，教师的教育实践只能是摸着石头过河，只有在先进理论的指导下，教育实践才会有正确的方向。专家引领可以说是一面旗帜，通过深入的理论讲授和生动的案例介绍，引领教师把握教育教学的政策法规，学习了解先进的教育理论，提高教育教学的实践水平。

辅导员不能仅仅依靠经验的积累来开展学生工作，而应主动运用科学的理论方法来对学生和社会实践进行深入研究和探所，在实践中研究，将工作中的经验积累上升为科学，不断增强对教育活动规律的认识，创造性地开展工作。聘请校内外心理健康教育方面的知名专家开展专题讲座，将专家学者的研究成果、理论讲座视频等融入培训中，让辅导员进一步走近专家和名师，将专家、名师的教育思想、观点和实践做法内化为自己的思想、观点，并进行系统思考，实现理论的升华和沉淀，实现自身行为方式的转变。同时，在这一过程中进一步激发辅导员学习发展的动力，让辅导员在学习培训的过程中感受、感悟和提升。专家引领式适合于辅导员心理健康教育培训的不同层级。

二、专题培训式

专题培训即选择某一专题进行分析研讨，重点在专题的选择及培训者在培训中的引导。专题培训的优势明显：更有针对性，问题明确；灵活性更高，专题的选择可以根据学院、培训学员及培训者的需求灵活调整；更加深入和更加系统。对辅导员心理健康教育能力进行培训要立足于当前辅导员工作的实际需求，要能为辅导员工作提供切实的指导。大学生的年级不同，心理健康问题的表现也会存在不同的特点，如大一的学生主要存在对大学生活适应方面的心理健康问题，大二、大三的学生主要存在生涯规划、人际交往和恋爱方面的心理健康问题，大四的学生主要存在实习和择业就业方面的心理健康问题等，这些都是辅导员在实际工作中遇到的问题。因此，在培训的初始阶段，要充分考虑辅导员工作的需要，选取一些大学生常见的心理问题开展专题研讨，针对不同年级的辅导员，通过相应的专题开展培训，专题的来源一方面由专家学者提供，另一方面来自辅导员队伍实际工作中的问题，并在此基础上升华一些理论专题，既做到理论水平的提高，又可以结合实际，为辅导员解决实际问题提供更多的借鉴和思路。

三、案例教学式

案例是一种描写性的研究文本，通常以叙事的形式呈现，它基于真实的生活情境或事件。这突出了案例的三大要素：首先案例必须是真实的，其次案例总是基于仔细而又认真的研究，最后案例能够培养案例使用者形成观点多元化的能力。案例教学是一种生成的实践智慧，离不开具体时空的场景条件，需要教师在实际工作中不断体悟。案例教学的实质则是不同视域之间融合的过程，如理论视域、实践视域、教师视域及学生视域的交融，价值旨趣在于理论与实际相结合，通过以案论理，分析真实案例的本质，打开解决问题的视野，奠基未来案例解决的基础。

辅导员期望通过培训,为解决实际问题提供方法、思路的借鉴和理论的指导。借助精心组织的典型案例或参培辅导员自身经历的案例来组织课堂学习,可以更好地引起辅导员的兴趣。案例研讨所涉及的是辅导员在教育和管理实践中遇到的具体问题,能够使参训辅导员将工作实际与具体的案例结合起来,将两者融于一体去思考和行动。由案例引发思考,在讨论的过程中各抒己见,引发头脑风暴,通过言内意义分析、言外意义分析和表达意义分析,明确案例的价值,明晰案例的类型及理论要旨。同时,辅导员在案例分析中引经据典的观点辩论和对不同意见的研究思考,对其知识和技能的提升都有积极作用。

四、参与分享式

在培训过程中,培训者和参培者之间是互为主客体的关系。从教育的过程来看,培训者是主体,参培者是客体。从教育的效能看,参培者是主体,培训者是客体。在心理健康教育培训的过程中,他们之间的影响是相互的。培训的主体性主要表现在根据不同院校和辅导员不同的专业背景、性格特点灵活选择不同的教育方法,参培者在培训者的引领下向着培训者的期望前进。培训的实效则有赖于参培者即辅导员在培训中自我转变的愿望和力量的充分发挥,有赖于是否认同和接纳培训者的理论。因此,在培训中积极发挥辅导员的参与性,结合体验式的理论,让辅导员参与培训并分享自己在培训中的收获和感受,以及辅导员对培训者的要求、对培训内容的期待、工作中遇到的问题如何解决等,通过参与分享式的培训,可以最大限度地发挥辅导员的积极性和主动性。

参与分享式培训能鼓励辅导员积极思考,有利于辅导员能力的开发和提高,辅导员在研究讨论中取长补短、互相学习,有利于知识的积累和经验的交流;而培训中讨论课题的选择将直接影响培训的效果;辅导员自身水平的差异也会影响培训的效果,不利于辅导员系统地掌握知识和技能。因此,每次研究讨论要确定明确的目标,并让每一位辅导员了解这些目标,使辅导员对讨论的问题产生兴趣,并启发他们积极思考。

五、课题拉动式

依据辅导员职业能力标准中对辅导员心理健康教育与咨询能力的要求,高级阶段的辅导员要总结凝练实践工作经验,深入研究把握心理健康教育的规律,成为心理健康教育专家,要在具有影响力的学术期刊上以第一作者的身份发表5篇以上心理健康教育相关领域的学术论文,这需要在培训中尤其是在高级阶段的培训中重视辅导员科研能力的培训,以课题带动辅导员科研能力的提升。教育家苏霍姆林斯基曾说过:"如果你想让教师的劳动能够给教师带来一些乐趣,使天天上课不至于变成一种单调乏味的义务,那你就应当引导每一位教师走上从事研究的这条幸福的道路上来。"同样,要使辅导员心理健康教育能力培训给辅导员带来乐趣,就要引导辅导员朝着心理健康教育专家的方向前进,选择一些心理健康教育领域的前沿课题、与学生关系密切的课题、满足辅导员实际工作需要的课题来开展培训,提高培训的学术性,提升辅导员的学术研究能力。

六、自主发展式

辅导员工作任务繁多,自由支配的时间少,培训者应根据辅导员的实际制订培训计划。美国人本主义心理学的代表人物马斯洛和罗杰斯认为,学习就是学习者获得知识、技能,发展智力,探究自己的情感,学会与教师及集体成员交往,阐明自己的价值观和态度,挖掘自己的潜能,达至最佳境界。显然,人本主义学习论者以潜能的实现来说明学习的机制。他们认为,必须尊重学习者,把学习者视为学习活动的主体,必须重视学习者的意愿、情感、需要和价值观,相信正常的学习者都能自己指导自己。

鉴于人本主义心理学的启示,在辅导员心理健康教育培训中采取自主发展式的培训方式,引导辅导员自主学习,激发他们高层次的学习动机,充分挖掘他们的潜能,从而实现辅导员自己教育自己。自主发展式在辅导员培训的不同层级都需要,辅导员不仅需要在培训过程中积极思考,而且要在自己的工作实践中认真思考,不断创新,做学习型、服务型和创新型的专家型辅导员。

第五节　高校辅导员心理健康教育能力的培训评价体系

培训评价是依据组织的目标和需求,运用科学的理论、方法和程序,从培训项目中收集信息和数据,以确定培训的价值和质量的过程。评价的真正目的旨在提高与改进培训项目,为下一步培训项目的实施提供依据,帮助辅导员对自己的学习进行反思,不断超越自我,实现最大发展。

一、评价的原则

(一)自我评价的原则

自我评价是要求辅导员自己成为评价的主体,对自己的培训给予综合性的评价,具体表现为辅导员对自己的学习过程或学习结果的肯定性思考和反思。因此,自我评价有利于培养辅导员的独立性、创造性和自主性。

(二)过程性评价的原则

校本培训为进行辅导员的过程性评价提供了有利条件。借助学习过程性评价可以了解辅导员心理辅导观念和水平转变的过程,真切地体会到辅导员的发展变化。

(三)实践评价的原则

教师校本培训就其主要方面来说就是实践、行动的学习,因而校本培训评价应是一种以实践为主的评价。实际上,对辅导员实践的考察就是对培训的评价。

(四)激励发展的原则

在校本培训中,对教师学习的评价应着眼于辅导员的发展和对辅导员的激励作用。因此,培训评价应以肯定、积极的方式引导辅导员,培养其浓厚的学习兴趣和不断探索的精神。

二、评价的途径

评价的途径应采取多元的评价形式，通过自我评价、专家评价和辅导员相互之间的评价等多种途径，对培训进行全面的了解和评估。综合不同评价途径得出的评价结果，可以为改进和完善培训的体制机制提供参考。

（一）辅导员自评

辅导员自评主要是辅导员的自我评价，培训者制定培训评价的标准，辅导员对照评价标准进行自我检测与反思总结，将自我和教学活动本身作为对象，不断地对自我及自我的教育行为进行积极主动的计划、检查、评价、反馈、控制和调节。辅导员在工作中遇到的问题情形，千变万化，各不相同，所以辅导员要强化学习—批判精神，养成经常反思的习惯与能力。培训也是一样，通过培训，辅导员习得心理健康教育方面的理论和实践知识，但是学习的效果如何，怎样结合自己工作的实践，怎样结合自己院校学生和专业的特点开展心理健康教育工作，这需要辅导员对自我进行一个客观的评价。自评也是辅导员不断改进学习方式，提高工作能力的重要途径。

（二）专家评价

专家评价亦可称作师评，在培训前期的调研工作、对辅导员培训需求的分析和结合学校特点开设的校本培训模式中，专家都发挥了重要的作用。在培训过程中亦有专家讲座，可以说，从培训的开始到结束都有专家的参与，专家可以通过工作现场和跟踪调查获得相应的评价信息，对培训的开展情况、辅导员在培训过程中的表现、培训结束后的实际效果做出一个全面综合的评价，从而根据调查结果及时调整培训进程，加强对培训的管理，促进培训成果的转化。

（三）辅导员互评

辅导员互评即辅导员相互之间的评价，同辈的指导能够满足教师持续学习、终身学习的需要，对新的技能的迁移具有积极的影响。在校本培训中，辅导员通过彼此相互观察分析、讨论交流，帮助对方发现问题，最终共同提高工作水平。参训辅导员在共同学习、深度研讨、平等交流、总结反思的基础上，经过自己的系统思考和专家引领，使感性认识上升到理性认识，使自己的实践经验升华为系统的理论总结，并用理论指导自己的工作实践和自身的专业发展。

三、评价的方式

心理健康教育的工作方法较为灵活，工作效果具有滞后性和隐蔽性，因而对于培训的评价要做到过程性评价和结果评价相结合，过程性评价包括对培训过程中“学得怎么样”的评价和培训后“做了什么”的评价；结果评价是指对培训后“做得怎么样”的评价。

过程性评价是在教学中与教学同时进行的一种评价方式，它贯穿于辅导员心理健康教育能力培训的整个过程，对主讲教师的教和辅导员的学都有着重要的意义。因此，在研究过程性评价的同时，还应该关注主讲教师和辅导员在过程性评价中的各种行为活动。过程性评价更多的是关注学习者的学习过程，而不是关注学习结果，在学习者的学习过程中实施评价，在评价中促进学习。评价结果不是为了对辅导员做出简单的好与差、优与劣、合格与不合格的判断，否则就背离了过程性评价的宗旨，而应让辅导员明白自己在哪些方面有优势，在哪些方面存在不足，还应做哪些改进以及如何改进等。

结果评价是指对辅导员培训后的工作表现和工作业绩的评价。要对辅导员参培后的工作表现进行评价，需要采取相应的方法如问卷调查法、访谈法和实地调研等。采取问卷调查法，需要在培训前和培训结束时分别实施，对培训前后的问卷进行统计，并对数据进行对比和分析，以此来测评结果。

最后，对评价的结果要尽量使用具体的、明确的可行为化的语言进行描述，要针对辅导员的培训情况提出改进的建议，在表述改进的建议时，可采用激励性的语言描述辅导员通过改进以后达到目标时的行为表现，对于不同的辅导员，应提出有针对性的、有个性化特征的改进建议。

第五章　大学生心理健康教育的发展

当前,大学生心理健康状况越来越受到社会各方面的广泛关注,因心理问题休学、退学的大学生的数量不断增加,自杀、凶杀等一些反常和恶性事件不时见诸媒体,大学生的心理问题已经十分集中和突出,大学生心理健康教育面临着新形势、新任务,同时也呈现出一些新特点、新问题。因此,大学生心理健康教育工作越来越得到各级部门的高度重视,进一步加强和改进大学生心理健康教育的呼声不断增强。

第一节　大学生心理健康的标准

对于大学生群体来说,维持健康、快乐的生活,一要躯体健康,二要心理健康。心理健康是身体健康的支柱,心理健康不仅仅是指心理没有疾病,更重要的是指一种积极的、适应良好的、能充分发展其身心潜能的丰富状态。只有心理健康,大学生才能把握自己、适应环境、积极进取、自强不息、面向未来,显示生命的价值和活力。心理健康是一种积极向上的高效而满意的心理状态。

一、心理健康的标准

判断一个人的心理是否健康,不同的专家给予了不同的标准,目前世界上的心理学家也没有统一的认识,各自有着不同的具体规定。但相对来说,著名心理学家马斯诺和密特尔曼提出的十条标准是目前公认的心理健康标准:(1)有充分的自我安全感;(2)能充分了解自己,并对自己的能力做适当的估价;(3)自己的生活目标和理想切合实际;(4)能与现实的环境保持良好接触，不脱离周围现实环境；(5)能保持自身人格的完整与和谐；(6)具有从经验中学习的能力；(7)能保持良好的人际关系；(8)能适度地表达和控制自己的情绪；(9)在集体允许的前提下，能有限度地发挥自己的个性；(10)在不违背社会规范的条件下，能对个人的基本要求做恰当的满足。

二、大学生心理健康的标准

大学生的年龄一般在18～25岁之间，从心理学的观点来看，正处于青年中期。大学生具有青年中期群体的许多心理特点，但作为一个特殊群体，大学生又不能完全等同于社会上的青年。心理是否健康一般采用量表测量，但其标准也不是固定不变的。心理健康的标准随着时代、文化背景的变化而变化。

樊富珉提出了大学生心理健康的七条标准：(1)能保持对学习较浓厚的兴趣和求知欲望；(2)能保持正确的自我意识，接纳自我；(3)能协调与控制情绪，保持良好的心境；(4)能保持和谐的人际关系，乐于交往；(5)能保持完整统一的人格品质；(6)能保持良好的环境适应能力；(7)心理行为符合年龄特征。

根据大学生心理发展的特征和大学生特定社会角色的要求，大学生心理健康的标准可以概括为以下几个方面：

1.智力正常

智力正常是大学生学习、生活与工作等一切活动的最基本的心理条件，也是适应周围环境变化所必需的心理保证。因此衡量时，关键在于是否正常地、充分地发挥了自我效能，即有强烈的求知欲，乐于学习，能够积极参与学习活动。

2.情绪健康

情绪健康的标志是情绪稳定和心情愉快。包括愉快情绪多于负性情绪，乐观开朗，富有朝气，对生活充满希望；情绪较稳定，善于控制与调节自己的情绪，既能克制又能合理宣泄；情绪反应与环境相适应。大学生虽然有悲、忧、哀、愁等消极体验，但能够主动调节，在适度表达和控制情绪时，能做到喜不狂、忧不绝、胜不骄、败不馁。

3. 意志健全

意志是人在完成一种有目的的活动时，所进行的选择、决定与执行的心理过程。意志健全者在行动的自觉性、果断性、顽强性和自制力等方面都表现出较高的水平。意志健全的大学生在各种活动中都有自觉的目的性，能适时地做出决定并运用切实有效的方式解决所遇到的问题，在困难和挫折面前，能做出合理的反应，能在行动中控制情绪，而不是行动盲目、畏惧困难、顽固执拗。

4. 人格完整

人格指的是个体比较稳定的心理特征的总和。人格完整是指人格构成要素中的气质、能力、性格，和理想、信念、人生观等各方面均衡发展。人格完整的大学生的所思、所做、所言协调一致，具有积极进取的人生观，并以此为中心把自己的需要、愿望、目标和行为统一起来。

5. 自我评价正确

正确的自我评价乃是大学生心理健康的重要条件，大学生能够自我观察、自我认定、自我判断和自我评价，做到自知，恰如其分地认识自己，摆正自己的位置，既不以自己在某些方面高于别人而自傲，又不以在某些方面低于别人而自惭，能够自我悦纳，自尊、自强、自制、自爱适度，正视现实，积极进取。

6. 人际关系和谐

人际关系状况最能体现和反映人的心理健康状况，良好和谐的人际关系是事业成功与生活幸福的前提。心理健康的学生乐于与他人交往，能用尊重、信任、友爱、宽容、理解的态度与人相处；能分享、接受、给予爱和友谊，与集体保持协调的关系；能与他人同心协力，合作共事，乐于助人。

7. 社会适应正常

社会适应正常是指个体与客观现实环境保持良好秩序。心理健康的学生在环境改变时能面对现实，对环境能做出客观综合的认识和评价，使个人行为符合新环境的要求，特别是能够以有效的办法应对环境中的各种困难，不退缩，且能够及时修正自己的需要和愿望，使自己的思想、行为与社会要求协调一致。

8.心理行为符合大学生的年龄特征

大学生是处于特定年龄阶段的特殊群体,心理健康的大学生的认识、情感、言行、举止都应符合他们所处的年龄阶段的特征。他们应该精力充沛、勤学好问、反应敏捷、喜欢探索,过于老成、过于幼稚、过于依赖都是心理不健康的表现。

三、正确理解大学生心理健康的标准

21世纪是一个以知识为基础的知识经济时代,国际上综合国力的竞争,实质上就是知识产业的竞争,并最终表现为知识和人才的竞争。因此,时代的发展对我们的成才提出了更高的要求和标准。美国未来学家约翰·奈斯比特认为,未来社会的成功,竞争的关键在于高技术与高情感的平衡。因此,培养具有良好心理素质和精神健康的大学生是新时期人才培养的关键所在。

研究表明,当代大学生总体上对生活的态度是积极向上的,拥有明确的生活和学习目标,对未来充满信心,学习动机较强,清楚人生的意义和奋斗方向,同时对待挫折能够乐观向上,在逆境中保持良好的心态并积极应对各种困难和危机。相对而言,部分学生对人生和生活意义的认识不够清晰,他们偶尔为了某些问题纠结,产生负面情绪,但是经过调整后又能够重新积极乐观地面对生活。仍有小部分学生对待生活和人生的态度比较消极,这类学生自信心不足,依赖性较强,对社会和他人持有怀疑的态度,但是他们仍然渴望能够树立正确的价值观和保持心理健康。我们在正确理解大学生心理健康的标准时应注意以下几个方面:

1.心理健康并非没有心理困扰或不良情绪,具有相对性

大学生心理健康与不健康没有明确界限。大多数学生的心理是健康的,但是可能不时有点小小的问题,如同大多数人的身体是健康的,但不时会出点小恙。因此,大学生心理健康是一个连续化的过程,对多数大学生而言,在人生的发展过程中出现心理问题是正常的,不必大惊小怪,应积极加以矫正。关键是要能够充分发挥个人的最大潜能,妥善地处理人与人之间、人与社会环境之间的相互关系,具备一种积极发展的心理状态。

2. 心理健康具有整体协调性

把握心理健康的标准，应以心理活动为本，考察其内外关系的整体协调性。从心理过程看，心理健康的人的心理活动是一个完整统一的协调体，这种整体协调性保证了个体反映客观世界过程中的高度准确性和有效性。事实表明，认识是健康心理结构的起点，意志行为是人格面貌的归宿，情感是认识与意志之间的中介因素。从心理结构的几个方面看，一旦它们不能符合规律地进行协调运作时，就可能产生一系列的心理困扰或问题。从个性角度看，每个人都有自己长期形成的稳定的个性心理，一个人的个性在没有明显的剧烈的外部因素影响时是不会轻易发生变化的。从个体与群体的关系看，每个人在其现实性上可划分成不同的群体，不同群体间的心理健康标准是有差异的。

3. 心理健康具有动态发展性

人的心理状态是不断发展变化的，不能通过某次、某时的行为和情绪反应做出判断。偶尔出现不健康的心理和行为，并不意味着心理不健康。反过来，心理不健康者也不是所有的心理活动都是不健康的。心理健康水平是可以发展和提高的。按照某一标准，一个人现在的心理状态是健康的，但是他还可以向更健康更完善的方向发展。每个人在自己现有的基础上如果能够做不同程度的努力，都可追求自身心理发展的更高层次，从而不断发挥自身的潜能。大学生心理健康的基本标准，只是表明他们能够进行有效的学习和生活。这是远远不够的，心理健康教育的目的应该在此基础上，优化他们的心理品质，使他们既能满足个人的基本需要，又能更好地适应社会，实现充分挖掘个人潜能和展现自我个性的目标。

4. 心理健康是一种积极的人生态度

心理健康是一种良好的、积极的心理状态，通俗的说法就是“自我感觉良好，他人感觉良好”。在这种心理下，人处于一种积极向上的状态中，对自己和未来充满自信，别人对他的看法也是正面积极的。“自我感觉良好，他人感觉不好”，这种状况是自恋；“自我感觉不好，而他人感觉良好”，这种状况是自卑。因此，心理健康的人会在人生道路上持有一种积极的、开放的、现实的、辩证的人生态度。

第二节 大学生心理发展的特点

由于大学生处于青年中期，个体的生理发展已接近完成，已基本具备了成年人的体格和生理功能，但心理发展处于正在走向成熟而又未真正成熟的时间段。从中学到大学，生活环境发生了巨大改变，理想与现实的差距，加上我国社会各个领域正在发生着全面而深化的改革，社会进步、时代发展都会影响当代大学生，使之心理发展呈现出新的特点。我们主要从一般性心理特点和年级心理特点两个方面来阐述。

一、大学生的一般性心理特点

（一）智力发展到最佳水平，心理发展中多种矛盾并存

智力是指人的认知能力，包括观察力、记忆力、想象力、思维力、注意力等。智力发展到青年阶段，逐渐进入最佳状态，智力测验表明，个体的智测分数随年龄的增长而上升，发展到20岁以后才停止。大学生群体处在18～25之间，正处于智力发展的高峰期，他们的观察力及敏锐性超过中老年人，准确性又超过少年群体。在记忆力方面，识记范围大幅度扩大，逻辑记忆能力发展到高峰期；在想象力方面，想象中的合理成分及创造性成分明显增加，克服了前几个发展阶段中所表现出来的想象过于虚幻的特点，使想象更具有实际效用。其中，在大学生智力发展中最大的特点是抽象思维能力的发展，思维活跃是当代大学生的一大优点。他们思维活跃，独立性、合理性、灵活性和批判性显著增强，开始用批判的眼光看待问题，喜欢刨根问底，追求“为什么”，勇于质疑，具有强烈不拘泥于传统和习俗的批判精神。创造性思维能力发展迅速，易于接受新鲜事物。

由于大学生个人阅历较浅，社会经验不足，看问题时个人的感情色彩浓厚，往往过分地自信，爱钻“牛角尖”，缺乏深思熟虑，常常有偏激和固执己见的倾向。有时把社会问题看得过于简单而陷入主观、片面和“想当然”的境地，对那些与社会主流文化不一致的各种社会思潮、时髦学派“盲目认同”或

"盲目崇拜";有时不加思考地对正面宣传教育"盲目否定"或拒绝接受。同时,在面对大学新环境、新学业、新竞争带来的新压力时,在其心理中会出现种种矛盾:理想与现实的矛盾、交往需要与心理封闭的矛盾、进取与安于现状的矛盾、独立性与依赖性的矛盾、情感与理智的矛盾、知与行的矛盾等。这些矛盾对于刚刚步入社会的大学生群体来说,往往进退两难、难以抉择。

(二)成长意识增强,情感丰富但情绪波动大

从中学到大学,大学生摆脱了父母的呵护和中学老师的严格约束与管理,开始了独立生活,有一种对自由和奔放的高度渴望。同时,伴随着年龄的增长和身体的发育成熟,成人感和独立感骤然增强,相应地表现出独立性和自主性。他们希望参加成年人的活动,更希望别人把自己当成年人看待,让自己享有与成年人同等的社会地位和权利,与成年人建立平等的新关系。这时,父母的关心被视为唠叨和刁难,老师的教育和指导被看成小题大做,部分学生从而产生强烈的不满情绪和逆反心理,甚至出现抵制和反抗情绪。他们自尊心增强,希望别人尊重他们,更希望别人能理解他们,出现疏远异代人、只愿与同龄人交往的现象。

大学生属于青年期,这是人生中感情最丰富的时期。他们年轻气盛,有着丰富复杂的感情世界,情绪体验来得快而且强烈,喜怒哀乐表现得比较充分而具体,常表现出"暴风骤雨"式的激情状态。这种激情状态具有两重性:积极方面,往往表现出为真理而奋斗的热忱,可以激发出见义勇为的正义举动;消极方面,容易表现为感情冲动,盲目地狂热往往导致不假思索、不听劝阻、不计后果甚至丧失理智的举动,从而铸成大错。

(三)心理需求复杂,个性与归属同在

大学生处在生理、心理迅速发展的阶段,在这一阶段,大学生的心理需要复杂多样。既有吃、穿、住、用、行等基本生活需要,又有迫切的交往需要和成就需要等精神需要。由于他们的世界观和性格等尚未定型,因此,需要结构也是不稳定的,许多具体的需要还在不断地发展变化中,他们的需要动机往往徘徊在自觉与盲日、高尚与卑劣、正当与不正当、合理与不合理之间,

对自己需要的控制力还不强，对满足需要的行为方式往往选择不当。如果需要得到满足，则保持良好的心理状态；反之，则引发心理问题。

作为年轻人，大学生追求个性的释放，他们希望自己成为有独特风格的人，也喜欢有独特风格的产品，但是这种独特是群体的独特，作为每天进行全方位、立体性相互接触的群体，他们具有高度的一致性；作为群体中的个体，他们希望并主动与群体保持一致，并以这种一致获取群体的认同。他们的空间很小，他们的选择很简单，他们的爱好很集中，象牙塔的高墙、集体生活与现代的网络、手机，使得任何一个小小的涟漪都有可能在大学生中迅速引爆，扩大成一股巨大的浪潮，甚至冲出象牙塔的高墙之外。

（四）性意识觉醒，但处理相关问题的能力欠缺

在大学阶段，大学生伴随着性生理的成熟和性心理的发展，大学生的性意识开始觉醒，感情欲望逐渐增强。他们开始注重自我形象，关注异性，渴望与异性交往，希望获得爱情。大学生这种性心理的本能性和朦胧性缺乏深刻的社会内容，基本上还是生理急剧变化带来的本能反应。由于大学生处理相关问题的能力欠缺，他们不善于处理与异性之间的关系，或者他们的经济地位及心理成熟度还不足以应付这种问题，造成愿望和现实之间的矛盾，主要表现在：(1)社会道德压抑他们的性冲动，使他们产生强烈的矛盾心理；(2)部分大学生因欠缺科学的性知识，对自身的性问题感到困惑和疑虑；(3)有的学生因缺乏与异性交往的知识和技巧，不善于把握与异性交往的分寸，过于压抑自己的性冲动，使个人处于自我封闭中；(4)还有一部分学生喜欢感情用事，不计后果，忽略责任，容易在异性交往中发生“出格”的性行为。这些对性认识简单化或理想化的思想或行为，一旦接触复杂的实际问题，都容易导致大学生产生心理障碍，影响大学生正常的校园生活。

二、大学生的年级心理特点

不同学段（年级）的大学生有其不同的心理特点。要进行心理健康教育就要研究大学生的心理发展过程和发展层次。虽然大学生在整个大学生活的不同阶段都存在共性的心理问题，但研究发现，不同年级的大学生的主要

心理问题有各自的特点,存在着差异性。

(一)大学一年级——适应准备阶段

大学一年级的学生,从中学跨越到大学,生理上逐渐成熟,个性思维强,喜欢新事物,但对人生仍然感到迷茫,他们渴望结交知心朋友和异性朋友。因此,走进大学校门后,他们需要努力适应新的环境,建立新的心理结构,从而实现新的心理平衡。大学新生入学后因各种因素的影响,普遍存在着学习适应问题、生活适应问题和人际关系适应问题。从心理上看,这一阶段属于大学生适应准备阶段。在自我意识发展方面,大学生从中学阶段过渡到大学阶段,自信心和独立性比高中阶段进一步增强。他们渴望深入了解和关心自己未来的发展,有一定的自我评价和自我教育能力。但部分同学"黑色六月"后的休整期仍未过,新的生活目标尚未真正确立,又加上理想与现实之间的矛盾,使他们在生活中不能完全认识、接纳和控制自我。

在心理上,表现为独立性缺失、优势缺失和情感缺失;在学习方面,大学的学习生活与中学的学习生活相比发生了较大的变化,课程的多样性、教室的流动性和需要的探索性要求每一位新生要有更强的学习自主性。面对这样的挑战,新生表现出两极性的特点:一部分学生重整旗鼓,继续努力学习,积极参加各种有益于自身发展的活动,最大限度地发展与提高自己;但另一些学生,他律失去,自律尚未建立起来,心里交织着矛盾和冲突,出现无聊、空虚和迷茫等情绪。在学习上,表现为主动性差、学习动力不足、专业思想不稳定,甚至有的出现反感或排斥情绪,整天沉迷于游戏和网络中;在人际关系方面,为了尽快适应大学新生活,他们必须通过交往来了解学校、学习、生活及周围一切。这时的交往心理具有明显的实用性和盲目性,交往范围比较狭窄,一般仅限于高年级学生、老乡、本班同学和中学同学等。

总体来说,大学一年级新生尽管在许多方面表现出不适应性,但绝大多数同学都能积极、乐观、向上地面对新生活。可以说,大学一年级是自豪感与自卑感并存、理想与现实冲突、独立性与依赖性矛盾、新鲜感与恋旧感交织、轻松性与被动性同在的阶段。这一年如果能够帮助他们积极适应大学生活,积极应对学习变化,掌握人际交往之道,培养创新意识,积极认识、接纳和控制自我,最终可以为大学生树立正确的世界观、人生观和价值观提供支持力量,为他们以后的学业发展、生活进步打下坚实的基础。

(二)大学二年级——碰撞发展阶段

进入大学二年级后,学生们当初不适应的问题已经基本消除,新的心理结构得以建立,各方面关系已趋于稳定和熟悉,新的生活秩序已经开始成为习惯。自我意识进一步增强,独立人格基本定型,已经能够适应大学学习、生活及学校的管理模式,随着生理、心理的不断成熟和对环境的熟悉与适应,世界观、人生观开始趋于稳定,他们的大学生活进入了碰撞之中的相对稳定发展阶段。在自我意识方面,他们的自尊心、自信心和独立性进一步增强,他们愿意独立处理问题,希望自己成为命运的主人,但自我教育的自觉性和稳定性还不够强,不能够全面地剖析自己,在日常生活和学习中,往往只能看到自己的优点,看不到自己的缺点,在遇到困难和挫折时容易出现焦虑情绪和心理压力。在学习方面,由于学生已开始关注就业,但还是处于迷惘的状态,在不知所措时容易陷入学习与考证的压力漩涡中,而且无法处理好学习与学生工作的关系,学习的压力增大,造成一定程度的心理焦虑。一些学生处理不好这些问题,会出现学习效率低、学习疲惫和考试焦虑的现象。在情感方面,他们的情感得到充分发展,情感体验快而且强烈,渴望被爱,但由于心理发展尚未完全成熟、稳定,情感上极容易产生困惑和心理冲突。在人际关系方面,他们已基本适应了大学的学习、生活和环境,孤独感、恐惧感和紧迫感逐渐消失,开始较为独立地学习、生活。交往的对象、范围、内容有了明显的变化,交往能力逐渐提高,交往对象也有了明确的目的性和选择性。但由于个体个性的差异,班级同学间、宿舍室友间往往会出现人际关系的不和谐问题。

(三)大学三年级——情感发展冲突阶段

大学三年级的学生独立生活和处理问题的能力有所提高,但心理发展尚未完全成熟、稳定,处于情感发展的冲突阶段。张进辅、徐小燕认为,大学三年级可能存在一个情绪智力的低潮期。[①]一方面是理想与现实的冲突使他们感到困惑、迷茫，产生失望感，导致情绪消极、低落；另一方面是恋爱情感带来的心理冲突。大学中流传着这样一句话：没谈过恋爱的大学是不完整的。大学生如果只靠这种说法，用急切的方式来告别单身，既不是明智的选择，也欠缺理智的考虑，大部分同学在恋爱情感上盲目追风，不考虑任何后果。研究发现，有近35%的大学生存在情感困惑，由恋爱失败导致的大学生心理变异是最为突出的现象，有的学生因此而走向极端，甚至造成悲剧。可以说，这一阶段最需要的是帮助他们提高交往艺术，让学生们熟练应用心理学知识和技能来深入开发自身的情商和智商，从而塑造完美的大学生活。

（四）大学四年级——身份逐步确立阶段

大学四年级是大学生活的最后一年，是从学生生活向职业生活过渡的阶段。面对又一次环境变迁、角色变换，考研还是择业，大学生的心里又起波澜。不过，经过人格的塑造、严格的教育与校园文化的熏陶，他们的自主感较强，思想更成熟，阅历更丰富。此时，他们目标明确，就业热情高，毕业去向趋于理性，身份开始逐步确立。但由于面临更多选择与压力，他们在精神上时刻处于一种紧张状态，过高的期望值与不安定的情绪是这一阶段的主要心理特征。在这一阶段，应积极帮助大学生做好走向社会的心理准备，让他们进一步深入地了解社会，摆正自己在社会生活中的位置。

大学生的心理发展正在迅速走向成熟，而又未达到真正的成熟。既存在积极面，又存在消极面。因而在心理发展过程中，矛盾和冲突是在所难免的。正是在解决这些矛盾、冲突的过程中，大学生的心理才进一步成熟起来。

第三节　大学生心理健康发展的主要影响因素

当前我国高校多数大学生的心理是健康的，但也有相当一部分大学生

①张进辅，徐小燕．大学生情绪智力特征的研究[J]．心理科学杂志，2004，27(2)：293－296.

的心理健康状况不容乐观。根据一项以全国12.6万大学生为对象的调查显示，20.3%的学生有明显的心理障碍。人的心理健康是一个极为复杂的动态过程，影响心理健康的因素是多种多样的，既有个体因素，也有外界环境因素。

一、个体因素

大学生正处在人生发展的关键阶段，一方面在认知、情感等方面有了较大的发展，也趋于稳定，世界观和人生观正在形成；另一方面，他们还没有真正涉入社会，还没有社会实践的真正体验，在处理自己与周围人和事之间的关系时，心理素质不完备，成熟度低。虽然他们个体的思维达到了较高的抽象逻辑思维水平，他们能够对非常抽象的命题进行分析、推论、假设与检验，但他们对事物的看法还不够稳定，对社会的认识仍存在较大的片面性，思维上常常带有非此即彼的极端化色彩，缺乏系统性和深刻性。因此，在日常学习和生活中，他们常常存在着理想与现实、理论与实践的矛盾和冲突，从而引起自我认知的危机，导致心理失衡。在学业和就业压力下，他们对自己的生活感到压抑，对未来感到迷茫，在日常生活和学习中背负重大包袱，为心理方面的困扰埋下伏笔。在客观现实面前，有的大学生能及时调整对自身的认识，重新确立目标；而有些大学生则企图逃避与现实的矛盾冲突，出现消沉、颓废、苦闷、抑郁等心态，或耽于玩乐、沉迷网络、放纵自我，发泄对现实的不满，以此来麻痹自己的心灵，甚至滋生自杀倾向等严重心理问题。

二、环境因素

1.环境变迁

首先，环境的变迁对大学新生来说是一个不小的挑战。心理学研究表明，个体所处环境的巨大变迁也会使个体产生心理应激。虽然环境变迁也是生活事件的一部分，但这种变化对个体适应的影响比较突出。环境变化的主要方面就是要自己独立生活，应付一切生活琐事。例如，几个同学共住一个寝室，彼此的生活习惯、作息安排、语言隔阂，都需要去面对和适应。尤其很多新生有远离家乡、亲人的问题，要适应起来还需一段时间。其次，大学新生对新的人际关系和社会关系等的适应远比对学习和生活环境的适应困难。进入大学，他们将面临一个重新结识别人并确立人际关系的过程，面对来自各地的风格、特点各异的新同学，如何建立协调、友好的人际关系是非常重要的。此外，在生活事件中，重要丧失对大学生心理健康起着消极作用。例如，重要的人际关系，主要指与家人、朋友，特别是异性（恋人）的关系出现问题或关系丧失等，会对大学生的心理产生不小的冲击，极大影响大学生的心理健康水平。再如荣誉丧失，没有获得奖助学金、评奖评优资格没有争取到、收到违纪处分等，都在一定程度上影响大学生的心理健康，严重时会导致他们出现心理障碍。

2.社会发展

随着信息化社会的突飞猛进，我国改革已经进入深水区，科技带来的社会环境大变迁，使人们在生活方式和价值观念上都发生了重大变化。社会变化的速度越快，大学生们体验到的变化就越多，体验到的不适应、不确定感、不安全感和无能感也就越多，心理问题也就会越来越严重。特别是高等教育扩招以来，我国已经进入了高等教育的大众化阶段，大学生的生存压力、竞争压力和就业压力不断增大，使部分同学难以适应。加上随着中西文化的交融，社会亚文化的影响，多种价值观的冲突，常常会让他们感到疑虑、茫然和困惑。此外，网络已经融入大学生的生活中，大众传媒所带来的消极影响，也在阻碍大学生身心的健康成长。

3.家庭因素

大量的心理学研究证明，大学生在学校出现心理问题，有许多是在其早期成长过程中就埋下了种子，特别是早年形成的人格结构，会对以后的心理发展产生深刻影响。因此，大学生心理问题的解决也需要家庭的配合与参与，可以说，家庭因素是影响青年学生心理健康的重要因素。大学生的部分心理问题来源于他们原生家庭的父母教养方式、家庭结构、家庭氛围和家庭经济状况等。首先，父母的教养方式对子女的心理行为发育和健康有不可忽视的作用。父母的关怀、体贴而非拒绝、否认，开明而非专制，潜移默化而非一味娇宠的教养方式有利于促进学生的心理健康发展。其次，家庭结构的变化必然会对正在读书的大学生的心理产生一定的影响，单亲家庭的大学生容易出现性格孤僻和自卑多疑等心理特点，家庭重新组合的大学生的心理上会蒙上一层阴影，很容易让他们产生敏感和自卑心理。再次，家庭氛围是影响大学生心理健康的又一重要因素。和谐的家庭氛围能使子女身心愉悦，心理压力减轻，有利于身心健康的良性发展。相反，不和谐的家庭氛围会对大学生的心理造成不同程度的伤害。最后，家庭经济情况对大学生的心理也会产生一定的冲击。据研究发现，家庭经济状况差的学生的心理健康水平显著低于家庭经济状况良好的学生的心理健康水平。家庭经济状况差的学生，他们要承受更多的经济和心理压力，大部分贫困生由于经济拮据、视野有限和交往能力欠缺等，一时又无力改变现状，易产生敏感、自卑、抑郁、焦虑、人际关系紧张等问题。

4.学校因素

长期以来，中学的应试教育使学生在诸多身心发展方面受到不同程度的压抑和控制，致使学生的许多心理问题延续到大学，心理素质不能达到应有的水平。中学阶段存在的心理压力和问题还未曾解决，进入大学后又要叠加新的压力：专业思想不稳定、环境不适应、学业负担重、业余生活单调等，这些问题使部分大学生在理想与现实面前显得束手无策，心理上承受着更大压力。此外，现在高校心理健康教育师资队伍仍然比较缺乏。2014年对安徽省心理健康教育师资队伍调查显示，仅有50.2%的学校超过或达到1∶3000的师生比配备心理健康教育教师，心理健康教育专职队伍中只有50%的人员拥有研究生学历，45%的人员仍然是本科学历，缺乏高学历和心理健康教育骨干带头教师。

第四节　大学生心理健康教育发展的主要趋势

随着教育的发展和社会对人才提出的新要求，大学生心理健康教育将渗透在教育观、人才观和学生观中，成为每一个学生自身成长的内在要求，大学生心理健康教育将出现全方位转变，教育理念全方位渗透，教育模式科学化发展，教育队伍多层次整合，教育领域多样化拓展，教育途径多方面优化。

一、教育理念全方位渗透

在我国,心理健康教育虽说起步较晚,但综合其理论和实践经验发现,心理健康教育不仅仅是一种方法和技术,更代表一种思想和理念。学校心理健康教育将突破传统仅开设心理健康教育课程和设立心理咨询或辅导室的单层局面,出现全方位渗透发展的局面。首先,心理健康教育将全面渗透到学校教育和工作的方方面面。高校将借助自身各方面的人才优势和资源优势,把心理健康教育渗透到各项教育活动、日常工作管理和校园文化建设等各个方面。其次,心理健康教育将延伸到学生家庭。学校与家长将建立广泛密切的联系,学校与家庭联动互动,实现通力合作和可持续发展的心理健康教育新局面,以培养学生良好的心理品质。再次,心理健康教育将突破传统各校单打独斗的教育局面,实现校际合作,实现资源的最大优化与利用。最后,心理健康教育将扩展到社会系统,积极寻求社会支持,加强与政府部门、社会组织、咨询机构及医院的通力合作,从而形成学校—家庭—社会互相合作的网络系统,使心理健康教育理念实现全方位渗透,成为全社会关心、支持的工作。

二、教育模式科学化发展

传统心理健康教育往往只关注少数群体和注重治疗,即矫治性模式。未来,心理健康教育将突破这一模式,在注重矫治的同时,更注重激发和优化心理品质的发展性心理健康教育模式。矫治性模式与发展性模式作为大学生心理健康教育的两大主题,互相并不排斥,而是和谐发展、互为补充的。大学生心理健康教育将运用积极心理学的理论和方法,在继续关注少数群体心理适应和矫治的同时,面向全体学生,关注他们的心理潜能的开发与心理品质的优化,同时关注思想政治教育队伍的心理健康问题及教育能力的培养,逐步形成以发展性为主、以矫治性为辅,教育模式明确化、科学化、规范化,以及覆盖面广、针对性强的大学生心理健康立体教育模式。

三、教育队伍多层次整合

高校心理健康教育队伍是决定整个大学生心理健康教育工作针对性和实效性的核心要素。随着我国高等教育大众化的不断推进，高校从事心理健康教育的专职队伍虽然在迅速发展，但与日益扩大的办学规模相比，依然存在严重不足的教育局面。目前，高校心理健康教育队伍仍然是专兼结合，以兼职为主，专职人员少，兼职的有学生辅导员、班主任、学生骨干、思想政治教育工作人员及任课教师等，且专兼职人员选聘机制和培训制度还未形成，兼职人员的心理健康教育能力培养机制也不健全。随着大学生心理健康教育的发展与普及，未来将会有越来越多的人将心理健康教育作为一种职业和事业。特别是在《高等学校辅导员职业能力标准（暂行）》发布以后，心理健康教育能力作为高校辅导员的职业能力标准之一，将更加受到重视。高校心理健康教育师资队伍也将进一步实现多层次整合，通过专兼结合、培养和聘用等多种形式，建设一支以专职教师为骨干，专兼结合、专业互补、学科融合、相对稳定的大学生心理健康教育工作队伍。高校逐步通过鼓励和引导，完善心理健康教育选聘、培训和师资资格认证等制度，不断形成心理健康教育师资队伍融合发展的局面，继而提高从业人员的职业化水平和专业化水准。

四、教育领域多样化拓展

随着现代社会的不断发展，大学生的需求将日趋多样化、多元化。相应地，我国大学生心理健康教育领域将突破单一领域的教育现状，实现多样化拓展，逐步由心理健康教育和心理咨询向生涯规划教育、学习咨询、生活咨询、人格咨询和就业教育与咨询领域拓展，注重学生潜能开发、职业生涯规划、创新能力培育、就业创业能力培养及学生自我健康形象的塑造等，实现教育的全方位融合和多领域渗透。心理健康教育领域在关注大学生群体的同时，也积极关注家长和教师管理人员的心理健康，为他们提供咨询服务平台。未来的心理健康教育领域将显示出多样性、多元化和宽泛化的特点。

五、教育途径多方面优化

21世纪是思想文化激荡、价值观念多元、新闻舆论冲击、社会瞬息万变的时代，随着信息社会的逐步推进，面对如此纷繁复杂的世界，未来人才都可能在某一时刻出现心理危机，大学生心理健康教育将面临更为严峻的挑战。如何引导大学生以积极的、正常的心理状态去适应当前的社会环境，已成为高校心理健康教育所要关注的重要问题。因此，教育途径的创新发展势在必行。心理健康教育科学化与现代化的发展趋势，将使心理健康教育更加普及、更有成效、更具影响力。首先，心理健康教育宣传资源的优化配置。新时期，结合大学生的成长规律和特点，不断加大心理健康教育的宣传力度，利用微信、飞信、QQ、博客等新媒体进行心理健康宣传，通过在线咨询、网上心理测试、BBS论坛等进行网络互动交流，做到充分挖掘新形式、新方法，以传播心理健康教育知识，提高学生心理健康水平。其次，遵循大学生心理健康教育原则，创新心理健康教育教学方法，实现教育形式多样、题材多变。再次，重视、开发、利用团体心理咨询的方式方法，不断创新团体心理咨询方式，实现教育形式多样、互动性强、生动有趣、适用面广、省时高效的局面。最后，真正实现大学生心理健康教育途径紧跟时代发展，多方面优化和效果明显的教育目标。

第六章　高校辅导员心理健康教育的途径

由于高校辅导员工作的特殊性，他们的心理健康状况的好坏直接影响大学生心理健康水平的高低，影响高校素质教育的进程。"打铁还须自身硬"，开展高校辅导员心理健康教育工作对大学生的健康成长具有十分重要的意义。

倪亚红采用《症状自评量表》（SCL-90）、《艾森克人格测验》（EPQ）和自编的3个量表对南京市5所高校的114名高校辅导员进行了问卷测试。研究发现，4.4%的高校辅导员有较严重的心理问题，19.3%的高校辅导员存在轻度的心理问题[①]。目前，高校辅导员心理问题的严峻形势，迫切需要针对高校辅导员群体规范开展心理健康教育工作。

第一节　心理健康筛查与档案建立

规范开展心理健康教育工作，首先要有心理档案。心理档案是保障高校辅导员心理健康教育工作的科学性和系统性的前提。然而，目前教师的档案中只包括工作、学习及人口统计学方面的资料，不包括心理方面的资料，即没有心理档案。

一、心理档案内容的确立

心理档案内容的确立是指能全面反映有关高校辅导员心理状况、心理特点等方面情况的材料[②]。主要包括两大方面：一是影响高校辅导员心理发

①倪亚红．高校辅导员心理健康现状及其相关问题研究[J]．中国健康心理学杂志，2007（7）：667.

②刘华．大学生心理档案的建设和管理[J]．济宁师范专科学校学报，2006（1）：88.

展的基本资料，即高校辅导员的基本情况；二是反映高校辅导员心理状态和心理特点的资料，即高校辅导员的心理测试资料。

（一）高校辅导员的基本情况

1. 个人简介

主要包括姓名、性别、出生年月、籍贯、民族、政治面貌、学历、工龄、系别、所教学科、爱好特长等。

2. 身体状况

主要包括血型、一般身体健康状况、生理缺陷、个人病史等。

3. 家庭情况

主要包括家庭居住地，家庭成员的年龄、健康状况、工作性质、职务、文化程度，家庭的组织结构、居住环境、经济条件、气氛，家长的教育方式与态度、亲子关系、是否独生子女、家中排行等，近亲中有无精神方面病史等。

4. 工作生活情况

主要包括高校辅导员的工作绩效、工作态度、工作习惯、思想品德、行为习惯、体育运动、交际水平、担任班主任或教研室主任情况、获奖情况等，对工作的满意程度，对高校辅导员工作重点的认识，对潜能发挥的程度及其影响因素的认识。

5. 对辅导员个人生活有影响的重大社会生活事件

如家庭成员的死亡、重大疾病，父母离异，本人离异或再婚，生活条件改变，影响生活的重大挫折等。

6. 有关心理健康状况的自我描述

主要包括是否接受过心理咨询和治疗，烦恼、苦闷时的应对方式，最近是否有什么烦恼，是否感觉需要进行心理咨询等。

（二）高校辅导员的心理测试资料

1. 高校辅导员心理状况和特点的测试结果

主要包括高校辅导员的心理健康水平鉴定，有无心理问题或心理障碍，程度如何；人格特征，即高校辅导员的性格类型及特征、气质类型及特征，高校辅导员的兴趣、态度、人际关系、防御方式、归因及品德的特点等；心理需求、工作压力及其来源、工作绩效等方面的情况。在心理测试后，对其结果进行统计及解释。心理学专家要按照每一测验的标准进行计分、统计，并将原始分转化成标准分，在此过程中一定要实事求是、客观公正。将统计所得分数赋予一定意义并将此信息传递给当事人或其领导及家属。在进行分数解释时，要参考常模资料、效度资料，还要考虑测试情境等其他因素。在向当事人或其他人报告时，一般只需报告对测验结果的解释，并注意以下几个问题：(1)使用当事人所能理解的语言；(2)保证当事人知道这个测验测量或预测什么；(3)使当事人知道他是和什么团体进行比较；(4)提出科学的有针对性的建议。

2. 心理学专家提出的建议

心理学专家对测试结果进行解释后，围绕如何发展能力、培养创造力、优化人格、促进心理健康、挖掘潜能、提高工作绩效等方面提出建议。这是建立高校辅导员心理档案的目的所在。因此，要根据测试结果，并结合高校辅导员各方面的情况，分析问题形成的原因，然后要科学地、有针对性地提出培养和管理高校辅导员的建议和策略。

(1)进行心理指导。从辅导员的个性档案材料中，找出问题的答案：是否自信？意志是否坚强？兴趣是否广泛而稳定？性格是否受人欢迎？是否喜欢学习和工作？是否善于与人交往？是否有焦虑、恐怖症、抑郁症等？针对暴露出来的问题将辅导员的心理状态分为优、良、合格、不合格四个等级，并进行分级指导，着重对心理健康不合格的辅导员进行指导，让每位高校辅导员能始终保持良好的心理状态。开设心理健康讲座、讨论、竞赛等活动，让高校辅导员了解心理健康方面的一些知识，科学地剖析自己的心态，促进自身心理健康发展。

(2)指导高校辅导员进行自助。高校辅导员的心理活动常常表现为喜怒哀乐的情绪和日常的语言行为，然而，某些心理活动的发生具有很强的随机性和偶然性，平时要引导辅导员学习一些心理健康方面的知识，掌握解决心理烦恼的方法。

(3)有针对性地进行心理疏导。如果辅导员的心理状态不能适应工作环境和社会需求，就要进行适当的心理疏导。目前，心理疏导的方式主要有书信咨询、电话咨询、网络咨询、直面咨询。学校应设立心理健康咨询中心，由专业的心理学专家担任，尽量减少辅导员心理问题的出现。

二、资料的搜集

(一)搜集资料的方法

确立了高校辅导员心理档案的内容后，就要搜集反映这些内容的资料和信息，这是建立心理档案的关键。高校辅导员心理档案资料的搜集方法主要有观察法、问卷法、心理测验法、谈话法等。

(1)观察法是有目的、有计划、有系统地获取处于自然条件下高校辅导员资料的方法。

(2)问卷法是心理专家运用统一设计好的问卷向高校辅导员了解情况和征询意见的方法。问卷是按一定的理论假设设计出来的，由一系列指标、变量所组成。采用自编的问卷调查，可了解高校辅导员的一些基本情况，了解他们的心理活动。

(3)心理测验法是建立心理档案中最主要和最常用的方法，其关键是选择进行施测的测评工具。在选择合适的测评工具时要选择标准化测验，并明确测验的目的、作用及使用范围。

(4)谈话法是指心理学专家与高校辅导员或与高校辅导员比较亲近的人通过直接谈话的方式来了解和研究高校辅导员心理的一种方法。通过谈话法，可以了解高校辅导员真实的心理背景、过去的心灵创伤等。

(二)资料的来源

建立心理档案主要是记录不同时期高校辅导员的心理状态，要求材料来源广泛、客观真实。材料一般来自以下三个方面：

1. 个人总结

每个高校辅导员对自己都有一定的认识，学校应启发他们不断剖析自己，找出自己的优缺点，说出自己的兴趣、爱好，定期予以总结，一般一学期总结一次。鼓励高校辅导员平时写日记(特别是个人的心理活动),内心想什么就写什么,记录心理变化历程,引导高校辅导员在总结中分析自己的心理状态。

2.心理测试

借助心理健康调查、心理测试及高校辅导员对某些问题的看法,掌握高校辅导员的心理状况。针对调查和心理测试,心理学专家给出对测试结果的解释,判断高校辅导员的心理状况,并提出建议。

3.日常行为

高校辅导员的心理状况在工作和生活中会真实地表现出来,要细心观察辅导员的一举一动,抓住高校辅导员的情绪变化,捕捉高校辅导员的敏感信息。针对部分高校辅导员分心走神、性格孤僻、优柔寡断、自暴自弃、心胸狭窄等心理状态,设置情境,让高校辅导员在特定的情境中暴露自己的内心世界。通过学校领导、高校辅导员管理者、同事及相关人员观察辅导员的日常行为来收集心理档案材料。

三、高校辅导员心理档案的形式

建立高校辅导员心理档案可以保证对高校辅导员资料的科学管理、妥善保存和有效利用。首先,要选择心理档案的形式,主要有文本式和电脑软件式。其中,文本式又有档案袋和专项卡片两种方式;电脑软件式可以减少差错,防止资料丢失,保证资料管理的准确规范、安全可靠,进而提高工作效率。其次,要将信息填写或录入,从而建立一份完整的档案。

四、高校辅导员心理档案的管理

心理健康档案关系到高校辅导员的心理健康成长,不同于公开的教师档案,它涉及高校辅导员的隐私问题,如果管理不当,不仅会给高校辅导员带来心理伤害,而且还会使心理健康教育工作进入误区。因此,建立科学的档案管理机制,对促进档案事业的进步以及高校辅导员职业的发展具有重要意义。

在高校辅导员心理档案的管理和使用中应遵循以下原则:

1. 科学性

科学性就是要求尊重客观，尊重事实。在测验的选择上应选择那些相对成熟的，有信效度检验的，有常模的标准化测验。

2. 系统性

高校辅导员心理健康档案不是材料的简单罗列和堆积，而是按照一定程序、规则排列的有内在联系的材料体系。它不仅要保证辅导员心理档案材料的连续完整，而且还要能反映辅导员的整体心理面貌和辅导员心理素质发展变化的脉络。

3. 保密性

档案的管理一定要严格遵守保密性原则，高校管理者不得将辅导员的心理健康档案材料随意外借或泄密，只有出于科学研究和帮助辅导员的需要时，才可以将档案让有关人员了解，前提是保证辅导员的心理和利益不受伤害。当辅导员要求查看自己的心理档案时，管理人员应满足辅导员的要求，并对档案内容给予科学的解释。

4. 教育性

对于数据的解释要客观慎重，不要随意下结论。要以发展的眼光看待辅导员，不戴有色眼镜看待有心理问题的辅导员或将辅导员的心理问题夸大渲染。

5. 动态性

高校辅导员心理健康档案是一个动态发展的档案，它反映了辅导员心理的成长轨迹。要定期进行心理复测、跟踪研究，不断地补充新的资料，为预测提供依据，使工作更有针对性和时效性。

在高校辅导员心理健康档案管理系统中，要遵守建立心理档案的基本原则，着重注意以下事项：(1)心理档案收集的信息必须全面、客观，应当对信息进行分类整合，而不是简单堆砌。(2)心理档案管理人员的责权利要明确，同时明确心理档案信息的权限分配。(3)要对辅导员的心理档案进行科学的规划和动态管理，形成“人—机”互动的信息反馈系统，而不是静态的封闭式系统。

第二节　高校辅导员心理健康教育的宣传

开展高校辅导员心理健康教育工作，除了建立心理健康档案外，还需要加强高校辅导员心理健康教育的宣传，宣传高校辅导员心理健康教育的重要意义，提高高校辅导员对心理健康内涵和标准的认识。

一、高校辅导员心理健康的含义及标准

高校辅导员作为特定的一类群体，其心理健康的内涵首先应包含心理健康的一般含义。另外还应包括很好地适应辅导员工作，对辅导员工作充满激情，角色定位准确，面对失败和挫折具有较强的免疫能力和抗压能力等。

在评定高校辅导员心理健康的标准时，我们可以从以下几个方面来把握：

1. 热爱高校辅导员工作，对工作充满激情

高校辅导员工作相对于教学与科研来说比较繁杂、枯燥，而且短期内见效不明显，这就要求辅导员能坚定职业信念，热爱自己的辅导员工作，在工作中始终保持积极、乐观的态度，充满激情，从而保证工作的顺利进行并提高工作效率。

2. 保持正确的自我意识，自我评价准确

高校辅导员不仅要认识到高校辅导员工作的具体定位，而且要清楚自身的条件是否符合做一名合格的高校辅导员，比如知识结构、政治理论水平、组织管理能力、号召力以及抗压抗挫折能力等，对自己有较准确的评价。只有正确认识自己且适合并乐于做高校辅导员工作的人，才能胜任高校辅导员工作。

3. 人际关系和谐，乐于与他人交往

一部机器要正常运转，需要各个组成部件的协调工作。学校不仅仅是部机器，它是由众多活生生的群体组成的一个大家庭，在这样的大家庭中，每个群体、每个人的工作生活都不是孤立的。高校辅导员作为学校学生工作的骨干力量，除了学生，他们的工作和生活自然也离不开与其他辅导员、

领导的协调与合作。比如,学生的成绩需向各授课教师了解,班级间学生出现问题,需与其他辅导员协调,辅导员工作需定期或不定期向领导汇报,等等,这些都免不了与学校其他群体以及外校同行打交道。这就要求辅导员们要乐于、善于与他人交往,保持良好的人际关系,争取人力和物力资源。

4.保持积极乐观的心态,热爱生活

心态是决定成功的一个重要因素,良好的心态能够让人正确地看待生活中的困难与挫折,对生活充满希望和热情,在工作中充满激情和斗志。高校辅导员工作是个细活,需要大量的精力和耐力,即便如此,大量的付出往往得不到相应的回报。如果高校辅导员没有一个平静、乐观的心态,不能理智地看待工作中的得失,挫折感就不可避免地会出现。

5.保持完整健康的人格品质,情绪稳定

人格心理学认为,健康与人格具有紧密的联系,比如心脏病学家弗里德曼和罗森曼确定了人的两种互为相反的行为模式(A型行为模式和B型行为模式,也叫A型人格和B型人格)。其中A型行为模式是一种复杂的行为和情绪模式,包括极端好胜、富有攻击性、缺乏耐心、有实践紧迫感和怀有敌意,这种人常对生活感到不满,极富竞争性,比较孤独。两位专家通过大量的研究发现,A型行为模式的人比一般人群容易患心脏病,从而得出A型行为模式与心脏病及其他许多并发症有关的结论。20世纪90年代,人们又发现了C型行为模式(其显著特点是控制愤怒等不良情绪而不表现出来,习惯于自我克制,追求完美)容易引发并加重癌症,见表6-1。高校辅导员的身心健康是其正常有效工作的保证,如果不具备完整健康的人格品质,情绪时常不稳定,不仅影响其自身的健康,而且影响学生的人格品质的培养和身心健康,影响整个教育事业和国家的未来。

表6-1　人格类型与疾病的关系

人格类型	人格特点	与疾病的关系
A型人格	容易暴躁、富于挑战和抱有敌意	患各种心血管疾病的风险比较大
B型人格	积极、乐观、坦然面对得失	容易长寿
C型人格	控制愤怒等不良情绪而不表现出来,习惯于自我克制,追求完美	容易引发并加重癌症

6. 具备良好的环境适应能力和心理调适能力

能适应社会环境的变化，能进行适当的工作角色的定位与扮演，能认识对辅导员素质的新要求，随时调整工作策略；做到遇事不惊，能适时、合理地调节心理压力，这也是高校辅导员应具备的心理素质之一。因为随着时代的发展和社会的进步，高校学生工作对高校辅导员各方面的要求将越来越高，高校辅导员面对的挑战也将越来越多，越来越严峻。因此，他们必须具备良好的环境适应能力和心理调节能力，以保证工作的顺利进行。

7. 意志坚定，具备较强的抗挫折能力

高校辅导员工作虽然不需承受大风大浪，但失败感也会时常扰乱他们的心绪。如，工作成绩见效慢，回报与付出悬殊，有时得不到学生的理解，社会竞争压力大等。若要做一个合格的高校辅导员，从心理学的角度上来说，他们必须能正确认识现实与理想之间的差距，勇于面对竞争与失败，脚踏实地，持之以恒；面对来自各方面的压力与打击，具有较强的抗压能力，能保持坚定的信心和坚强的毅力。

二、高校辅导员心理健康的意义

高校辅导员是高校教育工作战线上的一个特殊的群体，他们既不同于高校教师主要从事教学与科研工作，也不同于行政人员主要从事行政管理工作。他们的主要工作是对学生的日常管理，但有时因校方的需要，也辅助一些教学或行政工作。由于工作的特殊性，对于高校辅导员来说，较高的心理健康水平有时比文化知识水平和管埋能力更重要。

（一）高校辅导员的心理健康直接影响大学生的心理健康

高校辅导员是大学生平时接触最多的老师，他们的一言一行都对学生有着直接的影响。他们不但是其学习上的导师，而且是他们生活上的向导。辅导员的世界观、人生观和价值观会直接影响大学生对世界的看法和对人生价值的态度。俗话说“近朱者赤，近墨者黑”，一位性格开朗、积极向上、遇事沉着冷静、对工作认真负责的辅导员，对于学生来说就是一面旗帜。实践证明，正面的榜样更能起到教育的效果。而一位心理健康存在问题的辅导员的言行很容易对他周围的学生产生负面影响。比如，辅导员常表现出紧张、烦躁、忧郁甚至易发脾气，那么他的学生就会摸不着头脑，感到惶恐不安，也会产生紧张、压抑等不良情绪。这样很容易伤害学生的自尊心和自信心，甚至会使学生产生逆反心理，影响其人格与情感的健康发展。而且，学生出现心理问题，首先发现的应是他们的辅导员，学生最想求助的也是他们的辅导员，因此辅导员要做好学生的心理辅导工作，首先要保证自己的心理具备较高的健康水平。所以说，辅导员的心理健康对大学生健康心理的形成与发展至关重要。

（二）高校辅导员的心理健康直接影响高校学生工作的成效和长期稳定

“思想政治工作是党的生命线”，思想工作是各行各业的首要工作，作为百年大计的教育更是如此。高校教育首先是思想政治教育，而辅导员又是高校思想政治教育工作的直接实施者，是学生工作的主干力量之一。高校学生工作尤其是思想政治教育工作的稳定与否，很大程度上取决于辅导员工作成效的好坏，而辅导员具备良好的整体素质，尤其是心理素质是做好辅导员工作的前提和保证。

高校学生工作既包括对学生的学习和日常生活的管理，也包括对学生的学籍等资料的管理，每一项工作都离不开辅导员的亲自参与，一旦辅导员的心理健康出现问题，他所带班级学生的学习和生活就会受到影响，继而影响高校学生工作的成效，从长远来讲就会影响高校学生工作的长期稳定。因此，一个身心健康尤其是心理健康的辅导员团队，是高校做好学生工作不可缺少的条件。

（三）高校辅导员的心理健康直接关系他们自身的健康和家庭幸福

实践证明，健全的人格，积极、乐观、开朗的情感体验有助于人们的身体健康和工作效率的提高，而压抑、紧张、焦虑和恐怖等不良情绪不但影响人们的工作，而且对人们的身心危害极大，因为在这种消极情绪的长期作用下，人体的免疫功能会下降，容易罹患各种传染性疾病，同时消化和血管系统也会受到影响。另外，常出现这些情绪的人还容易患过敏、伤风感冒、头痛、胃病和单细胞增多症，而积极、乐观、坦然面对得失的人(B型人格)更容易长寿。正如美国诗人朗费罗所说的，能做到快乐、节制和静养，就可把大夫拒之门外。

一个家庭可能因为其中某一个成员的身体或心理不健康而负累，辅导员的心理健康也会影响其家庭的幸福。特别是对于一个已成家的辅导员来说，他们的健康对于整个家庭来说极其重要，因为他们的身心健康将关系到整个家庭的未来与希望。因此，辅导员的心理健康不仅关系到他们自身的健康，而且关系到他们的家庭幸福。

(四)高校辅导员的心理健康状况会影响整个教育团队的心理健康水平

高校教育与管理工作需要辅导员、领导、教师以及其他人员的通力合作与努力。辅导员作为高校思想政治教育工作的主干力量，他们的心理健康不仅影响他们自身的工作与管理对象，而且影响整个教育团队的心理健康水平。

一方面，作为教育工作者的一部分，辅导员的心理健康状况直接影响高校整个教育队伍的心理健康水平。学校教育团队包括领导、教师、行政人员、辅导员和勤杂人员等，任何一个小群体的心理健康状况出现问题，都会影响团队的整体心理健康水平。另一方面，在日常工作中，由于辅导员与辅导员之间，辅导员与其他授课教师及工勤人员之间，辅导员与领导之间需要大量的接触和交流。人的情绪具有较强的传染性，高校辅导员的不良心理健康状况会感染其他相关人员，影响他们的情绪和工作态度，间接影响整个教育团队的心理健康水平。

关注高校辅导员的心理健康就是关注整个高校教育团队的心理健康，就是关注高校教育工作的正常运行。

三、影响高校辅导员心理健康的自身因素

高校辅导员自身的综合素质是影响其心理健康状况的最根本因素，剖

析辅导员自身存在的问题,对有效解决高校辅导员的心理健康问题至关重要。

(一)角色定位不准确带来不必要的烦恼

新时期,高校教育与管理相结合的新型工作机制,决定了高校辅导员具有教师和干部的双重身份,辅导员既是教师又是干部,既是教育者又是管理者,在实践中,辅导员也扮演了服务者的角色。辅导员首先是教育者,然后是管理者,而以服务者的身份贯穿始终。但是大多数辅导员对自身的角色定位并不准确,过分强调管理者的身份,认为高校辅导员就是学生的高级“保姆”,只需负责学生的学习和生活的安全,管理班级秩序,帮助学校收学费等,这导致一方面在实践工作中付出了大量的时间和精力,另一方面育人效果却并不十分理想,无形中加重了自己的身心负担。还有些辅导员自我认识不够,自我评价不准确,并不适合做辅导员工作或者是被迫无奈才担任辅导员工作,心里一百个不情愿或者眼高手低,认为整天做这些重复、枯燥、繁琐的工作,对于自己是“大材小用”,极易产生强迫、压抑、焦虑等不良的心理状态。

(二)抗压能力差,容易产生挫折感

“个体心理承受力是指个体在心理上对于社会生活与环境中的重大变动的接受性、适应性,是人们不断调整其认识、情绪及行为以适应环境变化的能力。”[①]许多辅导员是刚毕业的大学生,刚进入社会,面对众多问题,往往不知所措;抗压能力差,容易恐慌;不能正确看待工作中的失败,面对工作中的一点失误或不顺就心烦意乱、垂头丧气;当自己的付出没有换来应有的回报,自己的努力没有得到学校和学生们的立即认可时,便产生挫折感,进而否认自己,否认社会;承受压力的能力差,不能及时调整认识、情绪和行为以适应环境的变化。挫折感是高校辅导员产生心理障碍最主要的原因之一。

①樊富珉,费俊峰.青年心理健康十五讲[M].北京:北京大学出版社,2006:8.

(三)缺乏正确的心理保健知识,自我调节能力差

大多数高校辅导员并不是思想政治教育专业毕业的,往往缺乏应具备的心理学保健知识。许多高校辅导员平时不注意心理卫生保健或者不知道心理卫生保健的正确方法;自身心理调节能力不强,出现心理问题时,忽视或者不知道到相应机构去咨询解决,长期受困惑、焦虑与压抑等不良情绪的困扰,慢慢便出现心理健康问题。

(四)缺少人格魅力,对学生的号召力不强

高校辅导员个人的性格也影响他们的心理健康。据调查发现,近20%的辅导员的性格属于典型内向型,情绪时高时低,很不稳定。有的辅导员性格柔弱,做事优柔寡断;兴趣狭隘,生活圈狭窄;工作态度死板,语言缺少幽默感。人格缺乏魅力,在学生工作中没有号召力,影响了班级的组织与管理工作的效果,进而感觉自己很失败,或者认为学生"太坏""不听话"。对自己和学生的错误判断会进一步影响其工作动力和效率,产生恶性循环。长此以往,高校辅导员对工作和学生便产生厌烦情绪,心理上表现为焦虑不安和失败感。

(五)人际关系不和谐带来压力

心理学认为,人际关系不和谐是最主要的压力源。许多性格内向的高校辅导员在人际交往中会出现不同程度的障碍,遇到问题不愿向他人诉说,心理压力得不到及时的释放;有些辅导员人际关系很僵硬,工作氛围沉闷、压抑,久而久之,心理健康就会出现问题。尤其是一些男性辅导员,对自己的岗位并不满意,觉得在他人面前提起自己的职业是没面子的事情,生怕在与他人交往中,一不小心说漏了嘴,在人际交往中很紧张。为了减轻心理上的压力,他们干脆少与人交往。长此以往,孤僻、压抑、郁闷的情绪就会不可避免地产生。

（六）来自家庭方面的压力

由于社会对高校辅导员的工作不够理解和支持，没有成家的男辅导员面临着恋爱和择偶的压力。而工作待遇不高，男辅导员在买房、成家时又面临着经济压力。对于已成家的辅导员，面临着子女教育与就业、父母养老等问题。除了经济压力外，还承受着因家庭事务而影响工作的压力。如果出现家人对辅导员工作不支持的情况，辅导员的心理压力将更大。

四、高校辅导员心理健康宣传的途径

在高校中，可以利用闭路电视、广播、学报、橱窗等校内传媒向高校辅导员和其他教师普及心理卫生知识。荀子曾经说过："不闻不若闻之，闻之不若见之，见之不若知之，知之不若行之，学至于行而止矣。"可见知是行的基础，行是知的目的，要提高高校辅导员的心理健康水平，必须向他们普及心理卫生知识，增强他们的自我心理保健意识，使他们掌握自我心理保健的原则和方法，从而产生自我心理保健行为。普及心理卫生知识需要有合适的方式做保障，让从事繁重思想政治教育工作的学生辅导员拿出大量的时间来阅读心理卫生知识方面的书籍显然是不现实的。我们认为广播、校报等校内传媒是向高校辅导员进行心理健康教育的最好方式。校内传媒具有针对性强、覆盖面广、简便易行等特点，是校内普及心理卫生知识的一种颇为有效的传播方式。

另外，每年还可以邀请国内和省内的一些知名的心理专家来给辅导员们做心理健康方面的培训。已经接受过心理健康培训的辅导员对这种培训的反响特别大，大家有一个共同的感觉就是无论是对学生工作而言，还是对自身的成长而言，心理健康培训都是极其重要的。他们认为，通过培训，学生工作有了新的思路，对自身的发展产生脱胎换骨之感，精神面貌焕然一新。大家都希望这样的心理培训应当常在高校辅导员中经常开展。

第三节 高校辅导员个体心理咨询与自我调适

高校辅导员的心理健康总体上处于正常偏下的水平，但个体在强迫、人际敏感、敌意和偏执等几项症状上超出常模的人数较多。具体的心理健康问题表现在以下几个方面：(1)对工作感到厌烦，躯体化表现、强迫感明显；(2)工作满意度低，表现为情绪压抑、低落；(3)对前途感到迷茫，表现为焦虑、烦躁不安。

因此，全国上下都高度重视大学生心理健康教育，几乎所有高校都建立了大学生心理健康教育中心，加大了对这一块工作的投入，切实采取了一些措施来提高大学生的心理素质，大学生的心理健康教育工作进入了高速发展阶段。与此相对，高校辅导员的心理问题也日渐突出，可是并没有引起高校领导层的广泛关注，各高校对教师的心理素质的培训几乎为零，当然也就更谈不上针对高校教师的心理咨询服务。很多高校的决策层忽视了教师的心理健康问题，没有认识到教师的心理不健康对大学生产生的危害性。即便有些学校已经意识到高校教师包括辅导员的心理健康应该得到关注，但关注力度还远远不够；绝大部分高校没有实施一些具体的措施来帮助高校辅导员调整心理状态，缓解心理压力；有相当一部分高校辅导员反映，当他们出现心理问题时没有地方倾诉或咨询。基于以上问题，我们需要广泛开展针对辅导员的个体心理咨询与自我调适工作。

一、高校辅导员心理咨询的分类

高校辅导员心理咨询是指咨询人员与高校辅导员通过直接交谈等方式，帮助高校辅导员解决心理上的问题，提高辅导员对环境的适应能力，促进辅导员心理健康发展的过程。心理咨询是心理学的分支之一，它以心理失常的人为研究、实践的对象，可以是单个的人，也可以是一个家庭、一个团体。心理失常，有轻度的、重度的、机能性的、机体性的。心理咨询以轻度的、机能性的心理失常为主，至于重度的、机体性的心理失常，则需住院并以药物治疗为主，不包括在心理咨询范围之内。

根据咨询的内容，心理咨询可以分为发展性心理咨询和健康心理咨询；根据咨询的规模，可分为个体心理咨询与团体心理咨询；根据咨询采用的形式，可分为门诊咨询、电话咨询和互联网咨询。现重点介绍发展性心理咨询和健康心理咨询：

1. 发展性心理咨询

为了适应现代化的工作和生活节奏，人们越来越重视自我认识能力，而发展性心理咨询可以帮助人们挖掘心理潜力，提高自我认识的能力。当自我认识出现偏差或障碍时，可以通过心理咨询得以解决。

随着人类物质文明和精神文明水平的不断提高，人们开始关注如何全面提高生活质量，比如提高学习和工作能力、保持最佳工作状态、维护安宁的生活环境、协调家庭成员和社会成员的人际关系。心理咨询作为一项专业技能，可以帮助人们调整内心世界，提高生活质量。

发展性心理咨询常涉及以下内容：孕妇的心理状态、行为活动和生活环境对胎儿的影响，儿童早期智力开发，儿童发展中的心理问题，青春期身心发展的不平衡，社会适应问题，性心理知识咨询，男女社交与早恋，青年独立性和依赖性的矛盾，友谊与恋爱，成就动机与自我实现的问题，择偶与新婚，人际关系，择业、失业与再就业，中年及更年期人际冲突、情绪失调、工作及家庭负荷的适应，家庭结构调整，更年期综合征，老年社会角色再适应，夫妻、两代、祖孙等家庭关系，身体衰老与心理衰老，老年性生活等。

2. 健康心理咨询

健康心理咨询的对象究竟是哪些人群？凡是因为某些社会刺激而引起心理状态紧张的人，并且明确体验到躯体或情绪上的困扰的人，都可以是健康心理咨询的对象。因为社会刺激纷繁复杂，在目前的社会中广泛存在着。因此凡是生活、工作、学习、家庭、疾病、康复、婚姻、育儿等方面所出现的心理问题，一旦来访者体验到不适或痛苦，都可属于健康心理咨询的工作范围。其内容大致包括：(1)各种情绪障碍，如焦虑、恐惧、抑郁、悲观等；(2)各种不可控制性的思维、意向、行为、动作的解释；(3)各类身心疾病，如冠心病、高血压病、支气管哮喘、溃疡病等，以及性功能障碍；(4)长期慢性躯体疾病，久治不愈，既对治疗不满意又丧失信心，因而需进行心理上的指导者；

(5)精神病康复期来访者的心理指导;(6)对家庭中的来访者应如何进行处理、护理等。

二、高校辅导员心理咨询的原则

心理咨询是一门专业性很强的工作,涉及个人隐私,在咨询过程中应遵循以下原则:

(一)保密原则

保密原则是心理咨询中最为重要的原则,它既是咨询者与来访者确立相互信任的咨访关系的前提,也是学校心理咨询活动顺利开展的基础。

咨询者在公开咨询案例研究或发表有关文章必须使用来访者的有关个人资料时,必须充分保护来访者的利益和隐私。保密原则并不是绝对的,有时需要咨询者加以判断。例如有明显自杀意图或攻击性行为的来访者,咨询者就有必要打破保密原则,与学校相关人员进行商量,以避免恶性事件的出现。

(二)信赖性原则

信赖性原则指咨询者应以尊重、信任、真诚、平等的态度对待来访者,努力和其建立起朋友式的信赖关系,从而保证咨询的顺利进行。

(三)教育性原则

教育性原则是指咨询者要针对来访者产生的心理障碍,提出积极的分析意见,鼓励其积极进取的精神,使之树立正确的世界观、人生观和价值观。

(四)主体性原则

在心理咨询中,咨询者逐步引导他们进行自我分析、自我判断。在此基础上,咨询者再进一步提出供来访者采纳的建议,并促使来访者转化为自己的行动。

(五)时间限定原则

心理咨询必须遵守一定的时间限制。心理咨询的时间一般规定为50分钟或60分钟左右(初次受理时,咨询时间可以适当延长),原则上不能随意延长咨询时间或咨询间隔。电话咨询原则上限定为30分钟。当然咨询时间的限定也不是绝对的,根据实际情况,有时可以缩短时间和间隔,适当增加咨询次数。

三、高校辅导员心理咨询的有关理论

(一)来访者中心疗法

来访者中心疗法是由人本主义心理疗法的主要代表美国心理学家罗杰斯所倡导。人本主义心理学是西方心理学的一个重要派别,它兴起于20世纪60年代美国的反文化运动与旨在治疗、发展、改造心理的人类潜能运动,被称为除行为学派和精神分析以外,心理学上的"第三势力",其基本的假设为"我们有了解自己的问题的能力,也有解决问题的资源"。因此,作为咨询者必须注重来访者自身的建设性以及健康的一面。把来访者所直接面临的现实场面作为咨询的重点,重视来访者对自身的感觉。咨询的目标是使来访者通过观察自身来求得成长和完善,不需要咨询者过多的干预和指导就可以产生变化,咨询者需要给出的是理解、真诚、支持、接受和积极的评价。

来访者中心疗法的技术包括三个方面:真诚、无条件地积极关注和移情,而这三个方面也是促进来访者心理健康成长的条件。

1. 真诚

即治疗者能做到表里如一,不加任何掩饰,以自己的本来面目出现,来访者所能看到的就是治疗者的真实情况。真诚还意味着治疗者在治疗过程中真实地表现自己的情感和行为,如当来访者痛苦时表现出同情等。这些真实的情绪反应就是治疗者表现真诚的标志。

2. 无条件地积极关注

所谓无条件地积极关注是指无论来访者所表述的情感内容是多么地不

可思议,治疗者都要乐于接受,并且这种关注与理解是没有任何先决条件的,不管来访者的情感正确与否或合适与否。在实际治疗过程中,没有任何一个治疗者能在所有的时间里对来访者表现出无条件地积极关注。但治疗者应尽力而为,因为这种态度出现得越多,治疗就越容易成功。

3.移情

移情,又称为共情或通情,指治疗者站在来访者的立场上,设身处地地去体会他们的痛苦、看待他们的问题。移情包括两个方面:一方面是治疗者的言语行为,如重复来访者谈话中的要点;另一方面是治疗者的非言语性行为,如治疗者的身体姿势、面部表情、语气、与来访者的目光交流等,都可以表现出治疗者对来访者的关注与理解。移情反映了治疗者准确地深入来访者的内心世界,在最深的层面体验来访者情感的能力。我们今天所说的"理解万岁"就是移情的表现。

由此可以看出,来访者中心疗法对治疗者有着很高的要求,治疗者不仅要建立良好的咨询关系,还要准确地把握这一非指导性疗法的面谈技巧。所以说,在来访者中心疗法中,治疗者不仅推动了来访者的成长,而且也促进了自己的自我实现。

(二)行为主义的心理咨询

行为主义的心理咨询是以学习理论和行为疗法理论为依据的心理咨询,认为人的问题行为、症状是由错误的认知与学习所导致的,主张把心理咨询的着眼点放在来访者当前的行为问题上,注重当前某一特殊行为问题的学习和解决,以促进问题行为的改变、消失或新的行为的获得。行为主义的创始人是华生,但对心理咨询产生较大影响的却是巴甫洛夫的经典条件反射、斯金纳的操作性条件反射和班杜拉的社会学习理论。

巴甫洛夫用狗做实验,当狗吃食物时会引起唾液分泌,这是无条件反射。如果给狗以铃声不会引起唾液分泌,但是如果给狗以铃声时即喂食,这样结合多次后,单独听到铃声狗也会分泌唾液。原来与唾液分泌无关的刺激物——铃声,变成了引起唾液分泌这种无条件反射的无条件刺激物——食物信号,转化为信号刺激物,引起唾液分泌。如果形成的条件反射不予强化和保持，就会产生条件反射的消退。对于在无意识的条件反射中所形成的不良习惯、心理问题、心身障碍等，在咨询时可以使用反条件刺激予以清除和击退。

斯金纳的操作性条件反射是指强化动物的自发活动而形成的条件反射。斯金纳在实验箱中放入一只饥饿的老鼠，老鼠在箱中乱窜时，偶尔按压了一下能掀动食物的横杆获得了食物，强化几次后，条件作用就迅速形成了。在咨询中，只要咨询者对期望的某种行为予以奖励，这种行为就会获得强化，反之就会消退，若予以惩罚还会加快消退的速度。

班杜拉的社会学习理论强调榜样的示范作用，认为人的大量行为是通过对榜样的学习而获得的。和建立条件反射一样，榜样学习也是人类的一种社会学习的基本方法。

在行为治疗中还有另外一些常用的方法，如系统脱敏法、想象厌恶法、强化法、思考停止法等。

（三）认知行为疗法

认知行为疗法是通过改变思维、信念和行为来改变不良认知，达到消除不良情绪和行为的短程心理治疗方法。具有代表性的有艾利斯的合理情绪行为疗法，贝克和雷米的认知疗法和梅肯鲍姆的认知行为矫正技术等。

认知行为疗法对道德颓废、堕落、罪恶感和害羞症状较有效。对于创伤后压力心理障碍症与情感性或焦虑性或人格疾患（反社会性、边缘性、自恋性）并存的当事人，也较常使用认知行为疗法。

四、高校辅导员心理问题的自我调适

导致高校辅导员心理压力的因素各种各样，因此，压力的缓解需要学校、社会各方面采取适当的措施。而从辅导员自身的角度来看，当自己面对压力时，不能逃避，而要学会缓解压力，只有这样，才能保持心理健康，适应不断变化的环境。因此，维护和提高辅导员心理健康水平需要辅导员自身做出努力。

(一)提升自我评估能力

对我们最了解的人莫过于我们自己,因此,辅导员应该学会正确的评估自己的职业倦怠和心理健康水平。当发现身体和心理上出现异常情况时,应当及时进行自我调节,把问题扼杀在摇篮之中,这对防止职业倦怠的产生和维护心理健康具有积极意义。

(二)提升职业认同感

职业认同感是辅导员进一步了解所从事工作的基础,更是积极努力工作的必备条件。

一方面,辅导员应当正确地认识自我和评价自我,对自己的工作能力和综合素质进行客观评价,并能够给予自己合理的定位,对自己的工作进行合理预期,减少因为期望过大而带来的失落感和因同别人攀比而带来的挫败感。

另一方面,加强专业知识学习,提高专业能力。社会的快速发展和高等教育的不断改革要求辅导员队伍走专业化的发展道路,这就要求辅导员必须树立专业化的意识、具备专业化的理论、拓展专业知识、掌握专业化的技能、提升专业素养。辅导员学习专业知识和提高专业能力的途径较多,既可以进行自我反思和学习,即辅导员对自己的工作过程进行重新认识,自我总结、自我学习、自我完善。也可以采取朋辈辅导,通过与同事的互动,探讨学生工作中遇到的实际问题,研究解决问题的策略,达到丰富经验、实现专业成长的目的。还可以采取督导的方法,即向那些具有丰富的专业知识、实践经验且业务水平较高的辅导员寻求专业指导。丰富专业学习和提升专业能力对辅导员的工作有很大帮助,不仅有利于提高辅导员工作的成效,而且还可以促进辅导员对自我价值的肯定,增强自身成就感,从而使心理健康保持在较好的水平。

(三)培养自我减压能力

情感衰竭是职业倦怠的个体压力维度,当个体长期处于较大压力且得不到缓解的状态下时，就会表现得没有活力，缺乏工作热情，并感到自己的情感处于疲惫状态。心理健康水平和职业倦怠的相关分析显示，情感衰竭和心理健康水平具有显著的相关性，心理健康水平和职业倦怠的回归分析表明，情感衰竭对心理健康具有正向预测作用。因此，减缓辅导员的情感衰竭是提升其心理健康水平的重要举措。

1. 锻炼身体，保持强健体魄

长期的体力透支是职业倦怠产生的原因之一，同时当职业倦怠产生时也会伴随着显著的躯体表现，如躯体疲劳、睡眠紊乱、头晕头疼、消化不良等症状。适当的体育锻炼可以有效地调节生理和心理机能，辅导员在工作之余可以有意识地参加一些体育运动，尤其是户外运动，一方面可以舒缓工作中紧张的情绪和压力，另一方面可以转移注意力，体验和感受运动的乐趣。强健的体魄也是从事其他活动的基础，有研究表明，体育锻炼可以提高自我效能感，减缓或消除焦虑和抑郁类的心理疾病。

2. 自我调节，正确看待压力

适当的压力是行动的动力，但当压力较大时，人们往往不知该如何应对，或选择逆来顺受，或选择逃避，或鲁莽行事，但这都不是正确解决问题的有效途径。当压力较大时，我们还要保持理性的头脑，冷静地思考和寻找解决问题的方法。先要认清压力事件的性质，然后理性思考与分析事情的原委，接下来正确评判自己的能力，寻找正向资源，如果个人能力无法解决，要学会寻求他人的支持，最终达到解决问题的目的。

自我调节就是要调节自己的心态和情绪，保持一颗平常心，对自己有一个正确的认识，接纳自身的优点和缺点；学会倾诉，而不是抱怨。辅导员在工作中容易被人际关系和情绪等问题困扰，最好的方法就是向亲人和朋友倾诉，让这些困扰得到及时的宣泄；学习和培养乐观豁达的人生态度和积极的心态；当心理问题较为严重时，还要寻求专业心理咨询师的帮助。

（四）建立社会支持体系

人是社会化的动物，不论承担什么角色，都要处于一定的社会关系中。辅导员从事的学生工作本身就是一项与人打交道的工作，辅导员既要处理与上级的关系,处理和同事的关系,又要处理和学生的关系。良好的人际关系是工作顺利开展的基础和保障,辅导员在这些人际关系中促进彼此间的情感交流和相互信任,一方面可以缓解人际关系问题带来的压力,另一方面也是一项情感投资,便于建立良好的社会支持,为自身的工作营造一种相互尊重和信任团结的环境,增强自身的工作归属感。

1.树立公平竞争、团结合作的观念

由于教育改革的发展,高校逐渐采取辅导员聘任制。这一制度的显著特点是竞争,辅导员要实行竞争上岗、优胜劣汰。有竞争就会有淘汰,这无疑会增加人际关系的敏感性,辅导员必须要认识到,在市场经济环境下,竞争是不可避免的,有竞争才能提高人才的使用效率。只有树立公平竞争、团结合作的观念,才能保持良好的心态。

2.进行情感投资,密切相互关系

一方面,辅导员要正确认识和同事之间的合作与竞争关系,同时要加强和同事之间的交往。因为同事之间工作相近、感受相似,更容易产生共鸣。同事之间通过相互交流,也可以增加自身的经验积累。另一方面,辅导员要加强和学生的情感连接,要在学习上、生活上关心和帮助学生,帮助学生解决困难,培养在学生中的亲和力,在学生工作中做到以理服人,不在言语上讽刺、侮辱学生。和谐的师生关系,有利于辅导员工作的开展,也有利于学生的健康成长。

3.鼓励辅导员的社会性发展

马克思认为,人的本质是社会关系的总和,社会互动与交往是人们生活的一个重要组成部分。由于学生工作的繁琐性,辅导员在学生工作中的精力和情感投入较大,难免会导致同家人、朋友等社会关系的疏离。因此,辅导员应该在工作之余主动参加社会活动或社会实践,这不仅能够吸收外来的新鲜事物,了解社会的动态,保持同社会的同步发展,而且也能够加强同社会成员的联系,建立社会网络,增加社会支持。

第四节　高校辅导员团体心理咨询与辅导

团体心理咨询具有感染力强、咨询效率高、省时省力、效果容易巩固的特点，广泛用于高校辅导员的心理健康教育工作。一方面可以解决辅导员工作和生活中共性的心理问题，另一方面可以开发辅导员的心理潜质，为高校辅导员心理健康水平和职业能力的提升提供保障。

一、高校辅导员团体心理咨询的特点和分类

团体心理咨询是相对一对一的个体心理咨询而言的，顾名思义，它是一种在团体情境下提供心理帮助与指导的一种咨询形式，即由咨询者根据来访者问题的相似性或由来访者自发组成课题小组，通过共同商讨、训练、引导，解决成员共同的或相似的心理问题。团体心理咨询既是一种有效的心理治疗，也是一种有效的教育活动。团体心理咨询也称作团体谘商。

（一）团体心理咨询的特点

团体心理咨询与个体心理咨询最大的区别在于，来访者对自己的问题的认识、解决是在团体中通过成员间的交流、相互作用、相互影响来实现的。具体而言，有以下几个特点：

1. 团体心理咨询感染力强，影响广泛

这是因为群体的互动作用促进了信息的传递和自主性的激发，也就是团体动力的形成。在团体中，团体动力对于团体目标的实现有着很重要的作用，而团体成员也是靠着动力相互作用、相互影响来解决自己的问题。

2. 团体心理咨询效率高，省时省力

相对于个体心理咨询一次只解决一个人的问题来说，团体心理咨询在解决问题方面，投入时间和精力会更有效率。而且，团体内部关系的复杂性也会给团体成员带来额外的收获。

3. 团体心理咨询的效果容易巩固

Gerald Corey 指出，团体心理咨询的基本原理是它提供了一种生活经验，

参与者能将之应用于日常与他人的互动中。也就是说,团体心理咨询创造了一个类似真实的社会生活情境,增强了实践作用,也拉近了咨询与生活的距离,使得咨询较易出现成果而成果,也较易迁移到日常生活中。

(二)高校辅导员团体心理咨询的分类

依据不同的标准,团体心理咨询可分为多种类型。分类标准主要有以下几种:

1.理论根据

依据理论根据的不同,可分为精神分析团体心理咨询、行为主义团体心理咨询、认知—行为团体心理咨询和会心团体心理咨询等。

2.咨询遵循的模式及目标

依据咨询遵循的模式及目标的不同,可分为发展性团体心理咨询、训练性团体心理咨询和治疗性团体心理咨询等。

3.计划程度

依据计划程度的不同,可分为结构式团体心理咨询和非结构式团体心理咨询。

4.来访者的固定程度

依据来访者的固定程度,可分为开放式团体心理咨询和封闭式团体心理咨询。

5.咨询者在咨询中作用的大小

依据咨询者在咨询中作用的大小,可分为指导性团体心理咨询和非指导性团体心理咨询。

6.团体成员的背景相似程度

依据团体成员的背景相似程度,可分为同质团体心理咨询和异质团体心理咨询等。

心理专家韦志中在《本会团体》中将团体心理咨询分为三类:心理教育和心理预防团体心理咨询、心理成长和心理咨询团体心理咨询、心理治疗和危机干预团体心理咨询。

二、高校辅导员团体心理咨询的理论基础

（一）需要理论

马斯洛把归属需要视为人的基础需要之一，交友、获得别人的赞同和鼓励、获得社会认同和社会支持等心理需要构成了团体中的个体心理基础，对于这种心理需要能否满足就构成了团体吸引力和团体内聚力的一个基础和条件。因此，在整个咨询活动过程中，要针对成员的具体特点，结合他们的需要，不断丰富和修改活动内容，使成员感到活动对他们具有实际意义，从中学会接纳自我和他人。

（二）社会学习理论

观察学习或替代学习是班杜拉社会学习理论的主要观点，它研究一个人的行为方式如何受到另一个人的行为方式的影响，或者说人们在社会生活中如何相互影响。在整个学习过程中，成员相互之间进行观察和模仿，从他人的经验中得到启发，相互帮助，互相鼓励。这种效果和作用是其他类型的活动所不具有的。

（三）人本主义理论

人本主义心理学认为，人是倾向于创造性和建设性的，需要和他人建立亲密的人际关系，人人都有自我实现的倾向。在此种理论指导下，在团体心理咨询中，指导者是每个成员成长的促进者，对成员最核心的态度是真诚、无条件地积极关注和共情。在团体心理咨询进行过程中，平等互动的双方关系是活动开展的前提，指导者要尊重、关心和了解成员，让成员有充分的心理空间，并促进双方互动；要采用民主的活动方式，实现体验性和实践性的学习。

（四）群体动力学理论

群体动力学理论诞生于20世纪30年代的美国，创始人勒温借助于物理

学中“场”的概念来解释心理活动。“场”具有复杂的、非物理的力及力之间错综复杂的变化,而这种变化所产生的动力结构使“场”成为动力场,随着动力场的千变万化,个人的心理和行为也随之变化。群体动力学理论十分强调民主领导的意义和重要性,强调群体成员在群体决策、群体过程和群体生活中的动力作用,注重群体目标的动机和激励影响、群体内部的合作和交流,重视群体气氛和群体内聚力的影响。这一理论不仅为团体心理咨询提供了理论依据,而且为团体心理咨询过程中团体气氛的创设、指导者的作用等提供了重要的研究成果。群体动力学理论的一些研究,如敏感性训练等,直接成为团体心理咨询的方法和技术。应用在人际交往和群体管理上的实用技术还有角色扮演、团体过程中的观察和反馈技术等。①

三、高校辅导员团体心理咨询和辅导的内容

高校辅导员团体心理咨询是在一个平和的气氛中,通过团体环境中的行为来帮助成员个人成长,通过团体成员之间的相互作用,学习对自己、对他人、对团体的理解和洞察并获得自我发展。因此,高校辅导员团体心理训练的常用方法是团体讨论和角色扮演。

团体讨论可以通过配对交流、圆桌式讨论、分组式讨论、陪席式讨论、论坛式讨论、辩论式讨论等方式,使成员对一个共同问题,根据资料与经验,互相做合作的和深入的探讨。在团体讨论中,指导者的责任是建立一个友善、接纳和容忍的气氛,使团体成员能自由、充分地发表各自的意见。

角色扮演是用表演的方式来启发团体成员对人际关系及自我情况的认识的一种方法,通常由团体成员扮演日常生活情境中的角色,使成员把平时压抑的情绪通过表演得以释放出来,学习人际关系的技巧及获得处理问题的灵感并加以练习。

①陈贵玲.团体心理咨询的理论建构与实践探索[J].枣庄学院学报,2006,23(6):108.

表6-2 辅导员团体心理咨询方案内容一览

团体心理咨询单元	团体目标
改善心智模式训练	(1)要求高校辅导员认识到自己存在心智模式,并认清心智模式对他们的影响;(2)使高校辅导员了解改造心智模式的方式并会应用,创造出更适合他们的新的心智模式
情绪管理训练	(1)使高校辅导员了解自己情绪的节律周期、学习调节控制情绪的方法;(2)使高校辅导员掌握培养良好情绪的方法,尽可能地延长积极情绪的影响时间,而缩短消极情绪的影响时间,最终学会调节、驾驭自己的情绪
意志训练	使高校辅导员了解自己的意志力水平,并在此基础上掌握培养良好意志品质的方法
人格魅力训练	通过测验使高校辅导员了解自己的个性,学会正确认识、调适、完善自己的个性

高校辅导员团体心理训练的内容是依据高校辅导员的心理特点,以及辅导员当前的心理健康状况来制定的。以高校辅导员的心理特点为基础进行的心理训练,主要有改善心智模式训练、情绪管理训练、意志训练、人格魅力训练(见表6-2);以当前辅导员心理健康状况为基础进行的心理训练,主要有人际沟通训练、缓解压力训练、适应与发展训练、身心保健训练。以高校辅导员心理特点为基础进行的心理训练,为建立在高校辅导员心理健康现状基础上的心理训练的有效进行做了充足的准备,使高校辅导员具备了进一步进行心理训练的基本心理素质,而后者的实施则是前者的提高,从而进一步深化前者的训练效果。因此,建立在高校辅导员心理特点与其心理健康现状基础上的心理训练是相互联系、相互促进的。

四、团体心理咨询在高校辅导员心理健康教育中的作用

(一)提高高校辅导员咨询的效率,扩大受益面

高校辅导员团体心理咨询是以同一年龄组的高校辅导员为咨询对象,在节省时间和人力的同时,也有利于解决高校辅导员在成长过程中所共有的问题。例如:情绪不稳定,看问题片面、偏激,易冲动,在学习问题、社会问

题及恋爱问题方面的困扰、疑惑等。个体心理咨询也能解决此类问题,但是受益面窄,对高校辅导员整体水平的提升收效甚微。因此,团体心理咨询能弥补个体心理咨询的不足,提高高校辅导员咨询的效率,扩大受益面。

(二)提高高校辅导员的交往能力

主要人际关系的适应是心理适应的重要方面。高校辅导员的人际交往是广泛而复杂的,他们想获得他人的理解,但缺乏交往的勇气和技巧,而团体心理咨询恰恰能解决这个问题。在团体心理咨询中创设的情境或氛围,可以帮助成员认识自我,并亲身体验自身的行为能否获得他人的同情和理解,从而找到适当的行为方式。团体成员相互作用的体验,能够帮助高校辅导员掌握处理人际关系的技能,并通过示范、模仿等方法尝试与他人建立良好的人际关系。

(三)排除高校辅导员的心理障碍,促进心理健康

团体心理咨询的最大特色在于培养人的信任感和归属感,团体中的成员可以把对团体的信任扩大到信任周围的人,由对团体的归属感扩大到对学校、社会及国家的认同感和归属感。比如对高校辅导员提供“大学是我家”的团体心理咨询;对职业认同感低的高校辅导员提供“职业规划与管理”的团体心理咨询;为想改善人际关系的高校辅导员提供“你我同行”的团体心理咨询;探讨家庭婚姻及工作相协调的“高校辅导员工作与生活”团体心理咨询等。

(四)提高高校辅导员的整体心理健康水平

团体心理咨询不仅有消除咨询对象心理障碍的功能,而且强调帮助人们适应环境、保持身心健康。团体心理咨询关注的不仅仅是眼前的发展障碍,而且十分关注与下一阶段发展任务的衔接。团体心理咨询强调促进人的心理成长,重视对高校辅导员发展过程中可能出现的障碍问题的发现与预防,并根据高校辅导员身心发展的规律、人生发展的课题来规划心理辅导与咨询的内容。因而,团体心理咨询有助于提高高校辅导员的整体心理健

康水平。

五、高校辅导员团体心理咨询实施中应注意的问题

首先，团体心理咨询对指导者的素质要求较高，指导者自己必须有良好的个性特征，心理健康，保持积极、乐观、稳定、健康的心理状态。与此同时，还应当懂得心理学、教育学的基础理论与方法，并且能够熟练掌握和运用，具有丰富的个别咨询的经验，能够激发参与者的活动兴趣和参与活动积极性，创造融洽的氛围，保证团体心理咨询活动的顺利进行。

其次，指导者应当多观察咨询对象，对咨询对象的了解要全面细致。团体心理咨询对群体性、发展性的问题有效果，同时对个案心理障碍的了解与治疗也是极有帮助的。有部分参与者对心理咨询尚有模糊认识，因此在参与者中开展心理咨询活动时，只有将团体心理咨询与个体心理咨询相结合，才能真正起到作用。

最后，团体指导者要以此为工作背景，把握好工作的态度，尽可能地做到真诚、无条件地积极关注和共情，同时又不能轻视咨询的操作技巧和方法。从团体心理咨询来看，十几个人坐在一起，要直面他人，袒露自己，在某种意义上就是一种冲击疗法，使团体成员面对自己的问题，并在与他人的碰撞、互动之中认清自己的问题并引起改变。

第七章　高校学生朋辈心理辅导

随着生活节奏的不断加快和社会竞争的日益激烈，大学在不断地进行改革来适应这个社会，使得大学生面临的学习、生活、情感和就业压力明显增大，由此产生的心理问题日益突出，直接影响大学生的健康成长和高校的校园稳定，大学生的心理健康问题已成为一个不容忽视的问题。根据大学生的心理特点，如何有效地开展大学生心理健康教育，是高校教学工作中一项非常重要的任务。

第一节　朋辈心理辅导概述

近年来，随着心理咨询与学校教育结合程度的不断提高，朋辈心理辅导成为增强大学生心理素质、提高大学生心理健康水平的一种重要形式。朋辈心理辅导起源于20世纪的美国，它不同于专业的心理辅导，它是从朋辈心理辅导衍生出来的概念，主要是指年龄相仿者对身边需要心理帮助的同学和朋友给予心理开导、安慰和支持，是在同辈及朋友之间进行的心理咨询过程。同龄人因为有共同的爱好、价值观和文化背景，相互之间更容易理解和沟通。

一、国外朋辈心理辅导的形成及发展

朋辈心理辅导起源于学校心理健康教育实践。在20世纪初期，因专业人员匮乏，不能满足社会的需要，美国的一些学者开始探讨在学校培训学生，帮助其他需要帮助的学生。1969年，威兰德发表了朋辈心理辅导对人格发展和学业成就的效果的研究报告，被称为美国朋辈心理辅导领域的首篇

论文，随后在美国和加拿大等许多学校都开展了朋辈心理辅导的研究和实践。20世纪末，关于朋辈心理辅导的理论在世界范围内得到发展，研究日渐成熟和深入。

20世纪70年代后，朋辈心理咨询在美国学校教育中得到了大规模地推广，从学生的身心健康教育到生活、学习辅导，拓展出一系列形式多样的朋辈心理互助活动。①

1.朋辈心理咨询

在美国，学校开展的朋辈心理咨询包括热线电话和门诊咨询两种形式，指受过专业心理咨询培训的学生可以辅助或代替专业老师为寻求心理咨询的学生提供主动倾听和支持性疗法，帮助他们宣泄情感、解决问题和促进个人成长。美国许多大学和高中都设有朋辈心理咨询中心，如哈佛大学心理健康服务中心下设多个朋辈咨询团体，为学生提供学校适应、人际关系、学业、压力、性、饮食、酗酒等方面的咨询。

2.朋辈调解

朋辈调解是指通过培养学生调解员以帮助有冲突或争端的学生双方找到解决问题的共同途径，理性、和平地在学校环境中解决冲突。美国校园的暴力冲突多发生在25岁以下的青少年群体中，冲突的起因往往是一些微不足道的小事，解决不当就可能使矛盾升级。朋辈调解的目标就是解决学生之间的冲突，根除校园暴力，强化学生和平解决冲突的意识。戴维·W.约翰逊和罗杰·T.约翰逊通过对在校学生开展的朋辈调解项目的有效性研究发现，学生接受了朋辈调解之后，本来必须由教师介入管理的学生冲突降低了80%，并且透过数据表明，朋辈调解在校园内具有良好的影响。②

3.朋辈健康教育

美国在饮食紊乱、吸烟、酗酒、药物滥用、性健康教育、艾滋病防治、危机情境等方面对学生开展广泛的健康教育。具体的实施方法是从学生中选拔出志愿者充当"朋辈教育者"，由专业教师给予专门的指导和长期、系统的培

①石芳华.探析美国学校中的朋辈心理咨询[J].健康教育与健康促进，2007(1):40.

②JOHNSON D W，JOHNSON R T.Conflict resolution and peer mediation programs in elementary and secondary schools:A review of the research[J].Review of Educational Research，1996(66):459-506.

训，以保证朋辈健康教育者在为其他同学进行健康教育时讲授知识和技能的科学性和准确性。Fennell和Rhodes的研究表明，青少年更愿意与身边同龄人进行平等、相互尊重的交流和对话，而不是接受长辈的说教，所以朋辈关系能更好地促进健康教育。目前，朋辈健康教育被广泛应用于生殖健康、预防艾滋病、酗酒、自杀等社会领域。①

4.朋辈伴读

朋辈伴读是指从高年级、成绩优秀的学生中挑选出一些志愿者，经过一段时间的朋辈辅导培训之后，为需要帮助的同学提供学习、适应、交往、情绪等方面的朋辈咨询。1977年，美国国家科学研究委员会通过对美国大量院校的研究报告指出，朋辈伴读使得学生的学习动力明显增强，对基本学习技能很差的学生有着更为明显的帮助作用。“学业成功计划”（Operation Success）是1970年在美国威奇塔州立大学创立的，这项计划目前仍在实施，朋辈伴读是其重要组成部分之一，这个项目的目的就是通过形式多样的学业援助计划，帮助大学新生和学习困难学生顺利完成学业。

长期以来，美国学者对于朋辈心理咨询能否产生有效的心理干预开展了一系列的理论和实践研究。多数研究结果表明，在校园内开展朋辈心理咨询有效弥补了专业教师数量上的不足，对学生的心理辅导起到了不可或缺的辅助作用，同时对于青少年心理自助和帮助他人的能力也产生了促进作用。美国学校的朋辈心理咨询善于利用学生资源，通过学生的主体参与，从而实现学生在心理健康方面互助与自助相结合的良性循环，被美国心理学家伯纳德称为“心理干预的天然磁石”（Lodestone to Prevention）。这些理论和实验研究也给我国学校心理健康教育带来了非常重要的启示。

二、我国朋辈心理辅导的形成及发展

20世纪六七十年代，朋辈心理辅导走出美国，在世界范围内得到发展。中国香港高校的朋辈心理辅导从20世纪70年代起步，20世纪80年代朋辈心理辅导逐渐传入中国台湾。起点低、发展晚是中国内地高校心理咨询工作

①SLOANE B C，ZMMER C G. The power of peer health education[J].Journal of American College Health，1993(41)：241-245.

的现状，普遍缺乏既有教育心理学背景又具备专业心理咨询技能的师资队伍，随着在校大学生数量的增长，大学生们对心理咨询的需求也日益增加，仅仅依靠几次心理健康专题讲座和师生比严重不足的心理教师的辅导是远远无法满足学生们的需求的。

在高校广泛开展大学生朋辈心理辅导，对于当今社会形势下大学生及时调整心态、释放压力是至关重要的。中国内地的朋辈心理辅导大致有如下几方面的发展路径：

(一)以学习和社会问题为主

早在朋辈心理咨询传入中国内地之前，我国各级各类学校都已经引入了“同伴互助”或“同伴教育”的理念。最初的“同伴互助”或“同伴教育”主要解决的是学习问题，如以宿舍为单位形成学习互助小组，让同学们共同学习，及时讨论学习方法，提出学习中遇到的问题，共同完成老师布置的作业，相互帮助，取长补短，既提高了同学们的学习成绩，又使得小组成员间的关系更为和谐，增强了团队的凝聚力。

之后的“同伴互助”或“同伴教育”则主要集中于社会问题中敏感话题的教学，如艾滋病健康教育中性传播的相关知识等。因为在现有的社会文化氛围下，青年学生获得的避孕套的使用、生殖健康、艾滋病和性病等方面的知识可能是主观的、有批判性的，或者是与青年人的价值观和生活方式不相适应的，而“同伴互助”或“同伴教育”是处理这些问题的有效方法。同伴教育是一些发达国家较为流行的一种性教育方式，中国红十字会也把“艾滋病同伴教育”作为预防艾滋病而推广的一个项目。施榕等关于艾滋病、性病、安全性行为同伴教育过程评价的研究也表明，93.2%的被教育者喜欢同伴教育的形式。[①]

同伴间年龄相仿，知识背景、兴趣爱好相近，对于学生们在日常生活中由学习和社会问题引发的心理困扰，同伴间的互助或教育都具有重要意义。

①施榕，朱静芬，等. 大学生艾滋病/性病/安全性行为同伴教育过程评价[J]. 上海预防医学杂志，2001，13(1)：19.

(二)朋辈心理辅导理论和技术的引入

国内最早论及朋辈心理辅导理论的有2001年陈国海、刘勇的《心理倾诉:朋辈心理咨询》,书中指出朋辈心理咨询是非专业心理咨询或准心理咨询的一种形式。该书分为理论篇和实践篇,着重阐述了朋辈心理咨询的含义,心理咨询者应具备的素质与能力,朋辈心理咨询的主要理论与技术以及朋辈心理咨询在实际中的应用。2007年,颜农秋的《朋辈心理辅导理论与技巧》一书,围绕朋辈心理辅导这条主线,不仅讨论了朋辈心理辅导的基本理论及操作方法,而且用许多朋辈心理辅导的案例来具体说明,展现朋辈心理辅导的过程及特征。全书分为四个部分:朋辈心理辅导的基本理论与技巧,朋辈心理辅导员在辅导工作中应该掌握的一些基本知识;朋辈心理辅导员常用的测验与使用方法;朋辈心理辅导的实际案例与点评。2004年,向光富等学者全面介绍了朋辈心理辅导的兴起、定义、功能、特点、主要类型和实施原则,并对未来开展朋辈心理辅导提出了宝贵的意见与建议。

(三)学生社团的兴起

目前,我国很多大学都创办有类似于朋辈心理辅导的大学心理协会或心理社团,可自主开展与大学生心理健康相关的活动。借助系列的心理活动能够起到帮助大学生解决心理困惑、缓解心理压力的作用,并同时传播心理健康知识。例如,中国矿业大学于1992年成立了大学生心理自助中心,大学生心理自助中心本着“自助、互助、助人”的原则,致力于为学生的心理健康服务,在普及心理健康知识、反映学生的心理状态、解决学生的心理问题及建设和谐校园等方面发挥着重要作用。2011年,中国人民大学借鉴美国斯坦福大学的经验(美国斯坦福大学设立了隶属于斯坦福大学心理咨询与服务中心的“桥”朋辈心理咨询中心),成立了朋辈心理咨询中心(又称“朋辈小屋”),这是在中国人民大学心理健康教育与咨询中心指导下的由学生独立管理的朋辈心理咨询中心。

(四)危机干预工作受到重视

大学生处于心理发展趋向成熟但又未真正成熟的青年期，而现代社会生活节奏较快，自我调节能力较差的大学生常会感到无助、迷茫，对自己感到失望，缺乏安全感。当来自社会、学校、家庭、工作等各方面的压力超过他们自身所能承受的限度时，心理危机就会产生。最基层的心理危机干预就是在各高校启动朋辈危机干预机制。危机干预的三级网络分别是：

一级网络为大学生健康教育中心，由从事心理健康教育的专兼职教师组成，主要负责全校心理健康教育的规划实施，师资和学生骨干的培训，心理健康教育网站建设，大学生心理健康教育的研究；开展心理健康宣教、咨询、筛查，心理疾病鉴别，心理危机干预等工作。同时负责指导二级网络开展工作。

二级网络为学院心理健康教育辅导站，由心理辅导员、学生辅导员和班主任共同组成，主要负责所在院系的心理健康教育，抓好大学生心理危机干预工作。同时积极配合一级网络开展相关工作，包括心理健康教育课程、讲座、团体心理训练活动、校园宣传等。

三级网络为大学生心理自助中心，由班级心理委员、心理社团、宿舍心理信息员组成，主要负责在学生中开展心理健康教育宣传，及时向学校心理咨询中心的老师和院系心理辅导员反馈学生的心理问题，充分发挥朋辈在大学生心理危机干预中自助、互助、助人的作用。

第二节　朋辈心理辅导员的选拔和培训

朋辈心理辅导员一般在学生自愿报名、班级推荐的基础上产生，经过心理测试、面试等多个环节选拔。一般选拔心理健康、乐于助人、责任心强、人际交往能力和组织协调能力比较强的学生，由专业心理辅导老师给予必要的、系统的理论培训和技能训练，使其掌握基本的心理卫生知识、心理健康理念和心理辅导技能，随后才能担任班级朋辈心理辅导员。

一、朋辈心理辅导员的条件和要求

(一)朋辈心理辅导员的专业要求

对朋辈心理辅导员的要求虽然没有像对专业心理咨询师的要求那么高,但基本的心理学知识和技能还是应该具备的。因为朋辈心理辅导是一项专业性很强的工作,除心理学专业外,其他专业的学生原有知识结构中的心理卫生知识、心理健康理念和心理辅导技能等方面的知识储备较少,即使心理学专业的学生也存在实际操作技能不足、不能迅速对心理问题做出准确的判断并采取行之有效的方法给予援助等问题,所以高校朋辈心理辅导员要想真正发挥作用,必须进行严格的选拔和科学的培训,包括心理健康知识、心理辅导原则、常见心理问题及症状识别、人际沟通技巧、心理调适方法等各方面的培训。

朋辈心理辅导员应具备健康的心理与生活态度;具有诚实可信的品质,以宽容、接纳的心态面对来访者;对待心理辅导工作负责,对待来访者真诚;善于倾听,能够理智分析来访者存在的问题;经过系统培训后具有一定的心理咨询的专业知识。

专业要求还包括朋辈心理辅导员善于与来访者建立良好的咨询关系。咨询关系的好坏直接关系到咨询能否顺利进行,能否取得成效。正如美国心理咨询专家拉斯所说的:“咨询者与来访者之间建立一种坦率、信任的关系,是咨询过程中最重要的事情……是有效咨询的前提条件。”咨询者与来访者之间必须有一定程度的相互信任和理解,来访者才肯坦述自己的问题,接受咨询者的帮助。

朋辈心理辅导员应严格遵循保密原则,这是咨询者应遵循的最基本的原则。咨询者在初次会谈中就应向来访者讲清保密问题,对来访者的资料和隐私保密并做出肯定性的承诺,借此消除来访者的戒备心理。咨询是一项复杂而严肃的工作,为来访者保密是鼓励他们畅所欲言和咨访双方建立相互信任关系的心理基础,也是伦理道德的要求,同时为来访者保密也是受法律保护的。朋辈心理辅导员应该认识到,保密性原则是对来访者人格及隐私权的最大尊重，是鼓励来访者畅所欲言的心理基础，是朋辈心理辅导员应该具备的职业道德。除此以外，朋辈心理辅导员在心理咨询过程中也应坚持其他咨询的原则，如共情原则、理解支持原则等。

几乎所有的心理辅导理论都强调，确立辅导关系是辅导成功的第一要素。朋辈辅导是同龄人之间的交流、沟通、对话与帮助，因为在诸多方面的相似性，所以朋辈心理辅导员在启发来访者时更容易得到有效的沟通。但在咨询过程中要注意朋辈心理辅导员和来访者的沟通与接近也是有限度的，心理辅导需要“距离美”，这种距离可以使来访者有充分的安全感。如果双方接触过密，容易阻碍来访者的自我表现，也容易使朋辈心理辅导员失去客观公正的判断和分析。

（二）朋辈心理辅导员的个人素质要求

心理辅导是对心灵的触摸，因此对从事这项工作的个人在个性修养、心理素质等方面都有一定的要求。

1. 健康心理与健全人格

朋辈心理辅导员应具有积极乐观的人生态度和健全的人格，在心理上至少应比来访者更为健康，这样不仅能帮助来访者，而且也能够在辅导过程中将来访者的不良情绪过滤，进行自我保护。同时，朋辈心理辅导员自信、乐观的心态可以感染来访者，起到榜样的作用。所以朋辈心理辅导员具备健康的心理与健全的人格是促进辅导顺利进行并取得成功的关键。

2. 热情真诚，宽容接纳

朋辈心理辅导员对来访者要有发自内心的尊重与理解，对来访者的问题和行为要给予积极的关注和及时的反馈。要拥有爱心、耐心、诚心、细心、虚心；要具备关爱心灵、触摸生命的理念；要能保持中立的态度，不加批评地讨论问题；要善于倾听，了解事情的来龙去脉，用理智的头脑进行分析和判断。

3. 具有良好的自我认知与自我统一性

朋辈心理辅导员只有正确、客观地认识自我，悦纳自我，对自己有清晰、正确的认识，才能较好地把握和处理自己与来访者的关系，从而站在一个客观的角度正确认识来访者,以平和的心境和稳定的情绪对待来访者。

4.良好的沟通和分析综合能力

朋辈心理辅导员与来访者之间建立起良好的人际关系是咨询过程能顺利进行的前提。这就要求朋辈心理辅导员必须具备良好的沟通能力和良好的观察、综合分析能力,并善于发现问题、解决问题。

除此以外,朋辈心理辅导员还应该具备共情、积极关注、诚实、可信、反应敏捷等素质。

二、朋辈心理辅导员的选拔

组建高素质的朋辈心理辅导员队伍,是朋辈心理辅导工作顺利开展的有效保证,因此朋辈心理辅导员的选拔应遵循公平、自愿的原则。一般情况下选拔对象是高年级的学生,学生自愿报名,进行心理测试、面试、考察平时表现等多个环节,还要充分考虑专业、年级、班级、宿舍、性别等因素。

在朋辈心理辅导员选拔与培训的前期,大学生心理健康教育与指导中心的专职心理咨询老师可以通过大学生心理健康教育的课程、校园海报、校园广播、讲座、组织(或个人)推荐等方式进行宣传、招募和培养大学生朋辈心理辅导员。在选拔实际操作中要把握一定的标准:

1.设定科学、系统的选拔标准

申请者要自愿从事此项工作,能遵守相应的规章制度;具备优秀的思想素质,积极乐观的生活态度,较好的组织领导能力和沟通能力,高度的责任感和奉献精神;具备一定的与心理辅导相关的知识,心理学、教育学、医学专业或学习过心理学相关课程的学生可以优先考虑。

2.组建专业的招募委员会

招募委员会应由大学生心理健康教育与指导中心的专职心理咨询老师、辅导员、有工作经验的朋辈心理辅导员组成,在公平、公正、公开的前提下,通过面试和笔试对申请者进行综合评价。面试主要是通过谈话的形式,了解申请者的沟通能力、理解能力、是否乐于帮助他人、是否有爱心以及对此项工作的期望。笔试主要使用一些心理学测量工具了解申请者的心理状态,一般情况下选用的测量工具有《卡特尔16种人格因素问卷》(16PF)、《症状自评量表》(SCL-90)、《大学生心理健康调查表》(UPI)、《大学生人际关系调查问卷》等,对申请者的精神健康状况、人格特征、倾听能力及人际交往能力等做出评估,然后筛选出适合的学生作为培训对象。

3. 选拔时应合理控制朋辈心理辅导员的数量

在选拔过程中应充分考虑在校学生的人数和朋辈心理辅导网络运行的可行性,避免出现"供不应求"或"供过于求"的情况,另外在进行选拔时,还应综合考虑性别比例、专业差异等条件。

三、朋辈心理辅导员的培训

朋辈心理辅导员是通过严格的选拔挑选出来的,他们具备较高的综合素质和工作能力,但对于朋辈心理辅导员的工作性质和基本特点不熟悉,缺乏心理卫生知识、心理健康理念和心理辅导技能等,难以有针对性地开展工作。因此,要加强朋辈心理辅导员的培训工作,完善朋辈心理辅导员的培训体系,增强朋辈心理辅导工作的针对性和实效性。

(一)培训内容

1. 自我分析

申请者首先要对自己有正确、清晰的认识。

2. 自助意识及技巧

包括自我管理技术、自我调控技术等。

3. 心理学基础知识

包括社会心理学、生理心理学、发展心理学及各心理学流派的主要理论等。

4. 基本工作理念

包括朋辈心理辅导员的任务和职责、职业道德、保密原则、道德伦理与法律等。

5. 基本的咨询技能

包括起始技巧、倾听技巧、分享技巧、诠释技巧等。

6. 团体心理辅导技术

朋辈心理辅导员应掌握一定的团体心理辅导技术，以便在学生中开展团体心理辅导，包括团体心理咨询、团体指导、团体协商等。

7. 校园危机干预

近年来，时有自杀、伤害及精神疾病等校园心理危机事件发生，朋辈心理辅导员应学会对周围危机事件早教育、早发现、早预防、早干预，协助学校处理危机发生后的心理干预工作，防止学生出现更严重、更持久的心理创伤，恢复其心理平衡。常用的干预技术包括消退与强化技术、合理情绪疗法、贝克认知疗法、系统脱敏疗法、满罐法、示范法、领悟法、角色法等。

8. 转介的意识与能力

在遇到自己无法处理的问题时，朋辈心理辅导员一定要及时认识到自己的专业局限性，通过转介工作，向有经验的人或专业人士请教，或建议来访者向专业机构或专业人士请教。

9. 心理测量学基础知识

了解常用的心理测量工具及使用方法，如人格量表、症状自评量表、抑郁评定量表、焦虑评定量表、职业兴趣量表等。

10. 咨询室规章制度、职业道德规范

朋辈心理辅导员还应学习咨询室规章制度、职业道德规范等。

(二)培训考核

培训工作结束后要进行培训考核，考核内容包括基本知识与技能的掌握、案例讨论、对今后工作的设想等，应突出申请者自身的心理调适能力和处理实际问题的能力。考核合格者可进行一段时间的岗前实习，让申请者清楚工作的性质与类型，了解工作环节，对此项工作有更加深入的了解，从而判断自己能否胜任此项工作。实习期间会安排专业心理辅导老师与申请者面谈，帮助他们尽快适应工作环境、了解工作程序，同时判断申请者是否适合这项工作。考核与实习均合格者即可被录取为朋辈心理辅导员，报送学校大学生心理健康教育与指导中心审核，审核通过，予以公示并签订相关协议。

第三节　日常心理问题的朋辈心理辅导

当代大学生常见的日常心理问题：大一新生的心理适应问题、学习心理问题、人际关系问题、恋爱问题、网络成瘾问题、求职与择业问题等。

一、大一新生的心理适应问题

心理适应能力是心理健康水平的衡量标准之一，也是评判大学生心理素质的要素之一。从高中到大学，不仅面临学习环境、学习任务和内容的变化，而且还面临人际关系的重新建构和新的文化环境的适应，每个大一新生都将有一段调整自己原有认知和行为的适应过程。

（一）面临的问题及原因

大一新生正处于世界观、人生观和价值观逐渐形成的时期，他们带着良好的自我感觉置身于新的环境之中，开始独自承担生活和学习的重任，短暂的校园生活之后，适应不良现象困扰着相当一部分同学，表现为难以适应新的学习、生活环境，自负与自卑心理并存，学习目标不明确，人际关系不和谐等，这些情况使他们陷入困惑、迷茫，出现不同程度的心理障碍。在新生入学阶段就应该普及心理健康教育，完善心理疏导机制，引导大一新生正确处理人际关系，提高他们对新环境的适应能力和应对挫折的能力。

1.环境适应问题

谢红霞等人的调查表明，56%的新生对大学校园生活和学习环境有着强烈的不适应心理。大学一年级是学生心理适应问题的集中爆发期，当代大学生大多没有独立生活的经验，入学报到时一般都有父母、亲戚的陪同，单独报到的学生人数越来越少。刚进入新环境的大一新生对集体生活不适应，很多同学都是第一次住校，独立生活能力不足，缺乏必要的生活经验，与同学之间的小摩擦、小矛盾在所难免，面对生疏的人群和陌生的环境，从原先的父母包办大小事务到如今一切都需要自己去谋划、操作，这种区别和反差很容易引起新生们心理上的不适应。新生在遇到问题时不能及时克服心理上的无助感和挫折感，不能及时调整和调节自己的心理状态和行为方式，不能积极地适应不断变化的学习和生活环境。

2.学习适应问题

考入理想的大学是高中学习生活的最终目标，很多同学进入大学之后就将自己从内到外彻底地放松了，没有了中学老师的督促，许多大学新生面对知识的海洋，不知从何学起，难免会产生困惑、迷茫和无所适从的感觉。

大学的教学理念、教学方式以及教学手段完全不同于中学，它是一种专业教育，学习信息量大、速度快，更加强调学习过程中的自主性、创造性、实践性，一些大学新生不能很快地适应这种变化，不知道该怎么学，久而久之，就会产生一定程度的心理压力，表现出厌学、紧张、自卑等消极的心理状态。因此，大学新生不仅要端正学习目的，而且还要树立新的学习理念，学会科学地学习。

3.人际关系适应问题

中学时的人际关系比较简单，同学们绝大多数的时间和精力都花在学习上，与之相比，大学的人际关系相对就比较复杂。班级同学、宿舍同学来自不同的城市、不同的家庭，在性格、生活习惯、兴趣爱好等许多方面都存在着明显的差异。远离父母，孤独、陌生的环境，使大一新生对“人际交往”产生前所未有的渴求，急于寻找知心朋友。但在实际调查中却发现，将近一半的新生感到人际关系不和谐，比如没有知心朋友、感觉人际关系比较复杂、想念以前的朋友、不知道如何跟人交往、周围比自己强的人太多、不知道如何跟异性交往、由于宿舍同学学习和生活习惯不同产生摩擦等。有些新生过分以自我为中心，无论什么都要辩得清清楚楚，分个高低输赢，对同学的小错误不依不饶，让人难堪；有的同学不愿与人交往，对外界不关心，把自己封闭在自我的天地中。当前大学生的自我意识都很强，在遇到实际问题时常常存在观点冲突，由此而引发的人际关系矛盾和心理不适往往给一些大学新生带来许多烦恼。

（二）解决方式和应对策略

朋辈心理辅导员与新生之间虽然在学习经历、社会阅历上存在差异，但作为同龄人拥有相近的价值观和生活方式，关注的问题相同，通过不断交往使彼此间相互信任，能自由探讨遇到的问题。

新生来到大学之后，往往对自己所学的专业不甚了解，容易产生失落感。由高年级优秀同学担任的朋辈心理辅导员是新生迈入大学后最先认识的学长，是新生了解校园、校情、校史、专业背景及特点的主要渠道，二者通过对专业进行交流，可以让新生感受到所学专业在社会中的地位和作用，有利于新生疏通专业情绪、树立正确的专业思想、增强专业认同感。

确立切合自身实际的新目标是新生进校之后的第一要务，这就要求新生在征询他人意见的基础上进行科学的自我评估，新生愿意将自己内心的真实想法向同龄的朋辈心理辅导员表达，而朋辈心理辅导员在了解了新生的实际情况后可以帮助新生进行职业生涯规划，对自己合理定位，帮助他们确立切实可行的近期和远期目标，从而激发新生积极的学习动机。让新生充分了解大学的教学模式与中学教学模式的区别，让他们明白自觉和主动在大学学习过程中的重要性，帮助他们合理安排时间，制订学习计划，掌握科学的学习方法，正确处理专业学习与业余生活、能力培养之间的关系。

人际交往能力是大学生应具备的基本能力，是校园生活的重要内容之一。朋辈心理辅导员通过主动与新生交往，尊重、接纳、关心、信任新生，倾听新生的心里话，让新生感受到真诚，就容易成为新生的知心朋友，进而鼓励新生与其他同学开展新的人际交往。还可以开展丰富多彩的学生活动，增加新生间交流的机会，促进彼此之间的了解，增强新生人际交往的信心。当新生在人际交往中遇到困难时，也可以第一时间得到朋辈心理辅导员的帮助。

二、学习心理问题

学习是学生的天职，大学生也不例外。与中学相比，大学的学习生活发生了很大的变化，学生自由支配的时间相对较多、老师或辅导员管得相对较少、闲暇时间有所增加、生活上要自理、管理上要自治，大学生在学习策略、学习方式和学习方法等方面必然会面临新的情境，产生新的问题。面对和解决这些问题时，每个人会产生不同的学习心理问题，大学生只有解决好学习心理问题,才能不断提高学习效率,成为具有创新精神和实践能力的高素质人才。

(一)面临的问题及原因

1.学习目标不明确

小学和中学阶段的学习是一直在教师的指导下进行的,一般遵循的是"老师教什么,学生学什么"的模式,在这种模式下,考入一所名牌大学就是学生的目标,日夜拼搏、努力学习,向着这个目标奋斗。然而进入大学后,强调的是自主学习,没有了教师和父母的指导,导致部分大学生的学习目标不够明确,日常学习缺乏具体可行的学习计划。有的同学对自己的空余时间不知如何管理,漫不经心;有的同学的学习目标定位太低,只求每门功课过关即可;有的同学没有主见,看见别人考什么证参加什么培训班就盲目跟风;有的同学学习相当被动,勉强完成老师布置的相关作业后,就沉迷于网络和游戏;有的同学觉得毕业遥遥无期,大学生活太过自由,于是终日无所事事,懒懒散散,只求如期毕业;还有的同学定位过高,导致自己追求的"理想"成为"空想"而逐渐丧失斗志。所有这些都是缺乏明确的学习目标的表现。进入大学之后,大学生们应该根据大学的学习特点,结合自身实际,确立合理的新目标,正确地认识和评价自己的能力,目标要高低适度,使之切合自身和客观现实。

2.学习动机不强

很多学生进入大学后,由于远离老师和家长的管束,缺少外部学习压力,往往安于现状,不思进取。有学习心理问题的大学生往往会表现出缺乏责任感,没有抱负,有的同学上课迟到、早退,经常旷课;有的同学上课无精打采,课后很少继续学习,常把主要精力放在打游戏、上网聊天、逛街等与学习无关的活动上;有的同学平时对学习内容不加以主动消化,把希望寄托在考前的划重点、考试作弊上。以上这些情况的出现都是由于学习动机不强引起的,学习动机是直接推动大学生进行学习活动的内部动力,缺乏学习动机的学生对学习总体上持一种消极的态度,他们对学习产生厌倦情绪,感到无聊,不会去摸索适合自己的学习方法,导致学习能力弱、效率低、效果差,最终造成学习动机的进一步缺乏，形成恶性循环。

3.注意力不集中

在大学的课程中，理论课和有的专业课比较枯燥无味，于是有些同学经常容易分心，易被外界事务所干扰。不能集中精力思考问题，学习肤浅，对学习一知半解；做事情丢三落四，不能善始善终，经常半途而废，这些都是注意力不集中的表现。

4.学习方法不当

大学之前的学习方法一直是老师手把手地教，指导学生应该学什么，应该怎样学，学生只需要被动地接受并予以应用就可以了。进入大学后，很多大学生仍习惯于以前的学习策略和方法，上课做笔记，考前死记硬背，满足于机械识记、题海战术。事实上，大学的学习更加注重独立思考和勤于思考的能力，只有通过高效率的课前预习、认真听课、做笔记、阅读、课后复习、应试等才能将所学知识整合为一个知识体系，才能对积累知识、培养专业技能起到促进作用。

5.考试焦虑

考试对大学生而言，更多的不是对成功的渴望而是来自失败的威胁。由于压力的逐渐增强，他们会担心不能达到预期的目标，导致自信心、自尊心受挫而产生考试焦虑。平时学习焦虑水平较高，考试焦虑的程度也比较高，这些同学表现为烦躁不安、注意力不集中；考试过程中心慌、出汗、走神乃至漏答、错答，考试结束后也常常忧心忡忡等，这些都是考试焦虑症的表现，久而久之，还会对同学们的身体健康产生影响，如头昏、头痛、失眠、厌食等植物性神经功能紊乱。

(二)解决方式和应对策略

学习不仅是非常复杂的心理现象，而且是一项艰苦的脑力活动，它涉及注意力、观察力等认知因素，也涉及动机、情绪、个性等非智力因素，大学生在学习的过程中产生心理问题是很常见的。当同学们遇到这些问题时，有的人会选择逃避问题，有的人会选择自己解决问题，也有的人会向其他同学或者老师求助。朋辈心理辅导员应对出现学习心理问题的同学给予及时关注，给予支持和帮助。

(1)对于缺乏学习动机的同学，朋辈心理辅导员要帮助他们树立正确的学习观和价值观，积极调整心态，以乐观向上的态度面对学习中产生的问题。(2)对于学习目标不明确的同学，朋辈心理辅导员要指导他们在学习过程中确立一个个阶段性的目标，每当一个目标得以实现时，这些同学就会产生成就感，从而激发他们继续学习。(3)对于学习方法不当的同学，朋辈心理辅导员可以与之进行学习方法方面的深度会谈，分享自己行之有效的学习方法，帮助其探索出一套适合自己的学习方法，比如：在老师讲授新课之前，一定要有目的地进行预习，明确听讲内容；专心听讲是保证听课质量的关键，养成做笔记的良好习惯，积极参与课堂互动；课后要做到及时复习，当日消化；通过实践巩固和验证理论内容；每章节结束时进行阶段性复习。(4)对于注意力不能集中的同学，朋辈心理辅导员要在沟通的过程中告诉他们，每个人都只能在一定时间内集中自己的注意力，如果这些同学由于无法长时间集中注意力而产生心理困扰，可以建议他们把需要学习的内容分成几个部分，一个部分一个部分地完成，在每个部分的任务完成之后稍作休息；或者建议他们采用弗朗西斯科·西里洛于1992年创立的番茄工作法，即选择一个待完成的任务，将番茄时间设为25分钟，专注工作，中途不允许做任何与该任务无关的事，直到番茄时钟响起，然后短暂休息一下(5分钟就行)，每结束4个番茄时间段可以多休息一会儿。有研究表明，番茄工作法极大地提高了人们学习和工作的效率，还会有意想不到的成就感。朋辈心理辅导员要借助校园网、校园广播、宣传展板等渠道进行心理健康知识宣传，营造良好的校园学习气氛。

三、人际交往问题

大学阶段是人生中非常重要的过渡阶段，大学生活不仅要学会学习、学会关爱、学会选择、学会生存，而且更应该努力提高自己的人际交往能力。和谐的人际交往是大学生活中一个不可忽视的重要方面，不仅对大学生的学习有重要影响，而且可以使大学生在遇到挫折和困难时得到朋友和周围人的支持与理解，也是他们步入社会、成就自己一番事业的坚实基础。

大学生的人际交往是指大学同学之间以及与老师、社会人员等进行思想和情感的交流、信息的传达和相互合作的过程。有些大学生过于以自我为中心，抗挫折能力差，内心空虚，他们渴望通过人际交往获得友谊，满足自身发展的需要，但面临不擅长与人交往的问题，甚至因人际关系不良导致心理扭曲，引发一系列严重的行为问题。

（一）面临的问题及原因

1. 以自我为中心

很多大学生从小受到过多的呵护甚至溺爱，自觉或不自觉地形成了以自我为中心的价值观。处于青年期的大学生，一方面思想活跃、感情丰富，人际交往的需要极为强烈，人人都渴望真诚友爱，大家都力图通过人际交往获得友谊，满足自己物质和精神上的需要；另一方面由于交往能力有限，交流方法欠妥，个性缺陷或缺乏主动交流的意识和交流技巧等原因，这些大学生在人际交往中，更注重实现自己个人的目的，习惯于从自己的立场、观点出发，忽视他人的利益和需求，很少顾及他人的感受和想法。

2. 自卑心理

有些大学生在与别人交往时，总喜欢把自己的真实思想、情感和需要掩盖起来，他们在心理上设立了一道屏障，把自我封闭起来，不与别人沟通，从而使自己的人际关系处于危机之中。引起这些大学生在人际交往中自我封闭最常见的原因就是自卑，表现为过低评价自己而造成消极的体验。有自卑心理的大学生因为缺乏自信、自我否定、畏首畏尾、害怕别人的拒绝和耻笑等，所以不敢与人交往。

3. 自负心理

大多数自负的学生因为在学习、业余爱好、个人特长等方面表现出某种优势，经常获得老师和家长的称赞，使他们常常自视过高，看不起别人，总爱抬高自己贬低别人。有着自负心理的大学生在与人相处的过程中，会把别人的不足和缺点放大，对自己则掩饰弱点夸大成绩，所以他们在人际交往中与他人的关系是不稳定、不协调、矛盾重重的。

4.面子心理

面子心理是中国几千年传统文化的积淀,爱面子更是大学生的一大特点,大学生的许多人际冲突,都是发生在没有什么原则问题的小事情上,只要打个招呼、说声道歉,也就没事了,但双方都为了维护所谓的自尊而相互赌气,甚至出言不逊,造成冲突升级,这就是典型的面子心理。这些大学生错误或片面地理解面子,为了争面子而与周围人产生冲突,感觉丢了面子时就会耿耿于怀,结果迷失了自我,影响与周围同学的深入交流。

5.嫉妒心理

嫉妒也是大学生中普遍存在的一个心理问题,指的是发现自己在才能、地位、成绩、名誉或境遇等方面不如他人时而产生的一种愤怒、怨恨、羞愧等复杂的情感。特别是当那些过去跟自己差不多的人或不如自己的人取得新成就、获得新成绩时,最容易使人产生嫉妒心理。嫉妒是一种消极的、病态的心理,在现实生活中,对人际关系危害最大。

(二)解决方式和应对策略

人际交往与沟通的能力不是与生俱来的,而是通过后天的学习、模仿和实践获得的。在朋辈心理辅导的过程中,朋辈心理辅导员应帮助存在人际交往问题的大学生树立正确的自我意识和良好的人际交往意识,帮助他们增强自信心,消除自卑感;还要让他们清醒地认识到,与他人之间的交往是双向的、平等的,要尊重别人,相互信任。

在朋辈心理辅导过程中,可以采用团体心理咨询、情景剧、模仿示范等形式,使有人际交往问题的同学掌握交往的基本原则、基本技巧和艺术;可以通过演讲比赛、辩论赛、心理健康知识竞赛等形式,培养学生们积极交往的心理,提高学生们的人际交往能力。要注意良好性格、健康情绪和健全人格的培养;在学习、生活、工作特别是困难面前,互帮互助;要善于从对方的角度看问题;要设法记住他人的姓名,见面时主动打招呼;要心态平和,不乱发牢骚;既要学会赞扬,又要掌握批评的艺术;要善于做一个倾听者,在与人沟通时,作为听者要多听少讲,不要打断对方的谈话,等别人讲完之后再发表自己的见解等。

要在具体活动和专业的心理训练中培养良好的人际交往能力。只有亲身参加各种活动，与人交往，才能培养和建立和谐的人际关系，学到人际交往的技巧。

四、恋爱问题

爱情是永恒的话题，人们经常用最美丽的语言来描绘爱情的永恒和不朽，爱情是大学校园里一道亮丽的风景线，也是大学生们最为关注的话题之一。

没有了学业的负担，没有了父母的管束，没有了老师的叮咛，随着生理和心理日益成熟，渴望爱情、想谈恋爱已成为大学生中较为普遍的心理状态。一方面恋爱可以增加一个人的责任感，恋爱可以使一个人更有理想和抱负，正确的恋爱观可以使大学生更加尊重人格的平等；另一方面，由于大学这个特殊的社会环境，以及大学生自身的一些因素，许多人在享受爱情的同时也承受着与恋爱有关的各类问题的困扰。

（一）面临的问题及原因

1.恋爱动机不纯

盲目攀比和从众心理是大学生恋爱的一个重要原因，有的大学生甚至认为在大学里谈恋爱是一种本领和能力的象征，这是一种不健康的心理，只是为了满足虚荣心。有些大学生在选择恋爱对象时，考虑的不是对方和自己是否合适，双方之间是不是真正的爱情，而是更注重对方的家庭条件、背景等硬性条件，更注重对方是否能在学习上、经济上、生活上、将来的就业和发展方面对自己有所帮助。同时也有的大学生利用自己家庭和社会的地位去寻找爱情，还有极少数的大学生为了显示自己的魅力，同时和几位异性同学交往，却不建立恋爱关系。

2.失恋

交往双方或者某一方由于这样或那样的原因，终止了恋爱关系就是通常所说的失恋。失恋的问题不在少数，胡珍关于大学生恋爱的研究显示，在校人学生中有超过1/2的人谈过恋爱，但仅有8.1%的大学生认为他们是“真爱”，而在谈过恋爱的大学生中有50%的人经历了失恋。失恋后，被迫终止恋爱关系的一方可能会表现出自我意识、自我评价和自我形象的降低，进而产生消极情绪和行为。有的失恋者羞愧难当，自暴自弃，陷入自卑和迷茫；有的失恋者因失恋而暴怒，更有甚者产生报复心理，不择手段地破坏对方的名声或者铤而走险伤害对方。

3.恋爱与学习冲突

在大学里恋爱，有的恋人之间相互鼓励和监督，在学习上共同进步；但也有很多同学可能会把恋爱看得比学习更重要，不能合理分配时间，对学业造成不良影响，甚至造成厌学、辍学等严重后果和不良现象。这些同学整天沉浸在卿卿我我的甜言蜜语中，把爱情作为生活的唯一追求，这样的态度也不利于正确对待和处理恋爱过程中可能会出现的矛盾与挫折。

4.网恋

所谓网恋就是通过上网聊天的方式认识异性朋友，并在进一步的交往中产生感情。因为上网是大学生课外生活的重要组成部分，许多大学生因为相信距离产生美，相信人因为了解而分手，因为不了解而结合，很容易被网恋的神秘、浪漫和新鲜所吸引，特别是那些性格内向、腼腆、不善与异性交往的同学和遭遇了失恋重创的同学，他们通过网恋展示自己，通过网恋转移痛楚。但网恋不当带给大学生的危害也是明显的。大学生如果沉溺于网恋虚幻、浪漫的情调中，一旦回归现实后就会感到不适应，变得孤僻、自卑，不与人交流，甚至出现抑郁的症状。

（二）解决方式和应对策略

朋辈心理辅导对于大学生恋爱中出现的问题有很大的帮助，应该多开展心理健康咨询活动帮助大学生处理恋爱与学习的关系，克服恋爱中出现的各种心理问题，提高他们对恋爱挫折的承受能力，向需要帮助的大学生提供必要的心理咨询和心理治疗。

对于恋爱动机不纯的同学，在朋辈心理辅导过程中要引导学生树立正确的人生目标，正确认识爱情，端正恋爱态度；要告诉同学们爱情不是游戏，是两个人之间的感情交流，不是因为空虚、金钱或物质而盲目结合。

对于失恋的同学，朋辈心理辅导员要通过个别谈话的形式与之沟通，倾听失恋者内心的烦恼，让失恋者通过诉说在一定程度上缓解失恋的痛苦。要告诉他们爱情并不是生活的唯一，不能为它耗费所有精力甚至抛弃生命，在处理失恋的问题上，要尽量做到失恋不失德、失恋不失态、失恋不失志。另外也可以建议失恋的同学把热情投入到学业中去，在紧张的学习中逐渐减轻失恋对自己的影响。

对于恋爱和学习有冲突的学生，朋辈心理辅导员应该引导他们正确处理爱情与学业的关系，学习是学生的天职，大学阶段应以学习为主，爱情应当服从学业，珍惜青春，把握青春，使青春更美好，更富有积极意义。

要通过朋辈心理辅导，让同学们了解到爱情应该是一种使人积极向上的动力，是分担，是给予，是责任，是恋人们共同进步的助推剂，帮助他们向更高的目标攀登。

第四节　朋辈心理咨询的督导及转介

心理咨询是一项需要专业人员具备许多特质的职业，需要一定的技巧作为支撑。特别是受训时间短、实践经验弱的朋辈心理辅导员，在心理咨询实践操作的过程中，难免会遇到在书本上难以见到的各种各样的问题，辅导者可能无法自行解决，需要有专业的心理咨询师帮助其进行案例督导和个人素质的提升，使其能够有效面对咨询中的不良心理暗示，有效释放不良情绪，正确区分来访者的问题和自身成长过程中的问题；更需要专业技巧的获得和临床经验的积累，而督导机制有助于朋辈心理辅导员的个人成长，有助于心理咨询助人效果的提高。而咨询过程中及时转介则体现了朋辈心理辅导员对来访者的负责任的态度和良好的职业道德。

一、朋辈心理咨询督导

心理咨询作为一项专业性很强的活动，对朋辈心理辅导员在人格方面有较高的要求，需要他们不断充实自我。在咨询过程中，朋辈心理辅导员生怕自己的咨询对当事人没有什么帮助，担心当事人在咨询后情况没有好转……,这些因素都会增加朋辈心理辅导员自身的心理负担。另外,由于朋辈心理辅导员自身也是生理和心理日益成长的青年人,在辅导过程中接触到的许多案例都是令人不愉快的,面对前来求助的同学,面对着生活中的困惑和苦恼,共情的同时很容易受到不良心理的暗示,造成朋辈心理辅导员自身出现疲惫、焦虑和困扰。而心理咨询中的保密性原则,使得他们无法向其他人寻求帮助,这时专业人员的督导对朋辈心理辅导员来说就显得愈发重要和必要。

(一)心理督导简介

心理督导是心理咨询师在督导者的指导帮助下,学习咨询技巧、监控咨询服务质量、改进咨询工作、提高自身专业水平的过程。对于朋辈心理辅导员而言,就是在实践中接受经验丰富、咨询水平较高的心理咨询专家的督导。在督导过程中,这些专家会首先观察、评估朋辈心理辅导员,然后主要以反馈和协助的方式对辅导员们进行指导。心理学专家权威、专业的指导为朋辈心理辅导员在理论知识、实践操作及个人修养素质等方面提供了大量信息,指出他们自己尚未认识到的误区和盲点,对辅导员们的专业化成长也是必不可少的。

1.督导的功能与作用

督导是有教育目的的。由于朋辈心理辅导员自身知识和能力的有限性,而其接触的来访者大多都有着沉重的心理负担和负面情绪,这些问题也可能会在朋辈心理辅导员的心中激荡出深层的共鸣,因为来访者的悲伤和情绪情感的起伏,作为同龄人的朋辈心理辅导员也可能曾有过同样的经历,这些影响是潜在的、持续的、具有强大的危害性的,会给朋辈心理辅导员们带来心理困扰。

督导的重要任务是监察被督导者的行为,以保证规范性的专业操作能顺利完成,使来访者获得最大的临床效果。专业的督导不但能够给予朋辈心理辅导员咨询技巧上的帮助,指出朋辈心理辅导员在咨询中存在的错误或不足,也可以在情绪控制和咨询方面给予指导,提高他们的心理健康水平。督导的作用可概括为:(1)为朋辈心理辅导员提供理论与实践相结合的机会；(2)帮助朋辈心理辅导员掌握实际助人工作中的技巧和方法；(3)促进朋辈心理辅导员个人的健康成长与发展；(4)协助朋辈心理辅导员了解专业角色，培养职业道德。①

2.督导的任务

督导的目标是督导者通过观察、分析朋辈心理辅导员的咨询过程，在业务水平和实践操作上给予积极的、适当的、及时的、富有建设性的指导和监督，通过督导关系促进朋辈心理辅导员的全面发展。心理咨询专家岳晓东认为："心理咨询师缺少的不是理论，而是咨询的基本功。"基本功的一个重要来源就是督导者的督导。因此，督导的主要任务：(1)激发朋辈心理辅导员从事心理咨询工作的动机及兴趣；(2)指导朋辈心理辅导员制订可行的咨询计划；(3)帮助朋辈心理辅导员选择咨询个案及确定团体心理咨询计划；(4)对朋辈心理辅导员的咨询工作提供具体建议，改进其技巧和方法；(5)引导朋辈心理辅导员在助人过程中不断改善自我及提高专业水平；(6)客观评价朋辈心理辅导员现阶段的工作水平。

(二)督导的方法与技术

一般来说，督导可分为个别督导、团体督导和现场督导三种形式。在实际操作过程中，采用何种形式，取决于督导双方间的商定及督导者的决定。

1.个别督导

个别督导法是最常用的一对一的督导，是最古老的、督导者使用最为频繁的督导形式。它是专业化训练的基础，一般采取自陈式个案报告、案例记录、录音分析和录像分析等技术。自陈式个案报告是最传统的督导方式；案例记录是咨询和督导过程中的常规程序；录音分析和录像分析是个别督导常采用的技术，督导者在听完录音或看完录像后，可针对会谈的内容、咨询的技巧与被督导者展开讨论。这种方法的优点是，在督导过程中仅限于督导双方，保证了督导的隐秘性，不受任何外界因素的干扰；缺点是，被督导者只能接受一位督导者的信息，就可能存在督导过程汇总接收的信息有所偏

①樊富珉，黄蘅玉，冯杰.心理咨询与治疗工作中督导的意义与作用[J].中国心理卫生杂志，2002，16(9)：648.

差,无法比较不同督导者的处理策略和技巧等问题。

2. 团体督导

团体督导是指运用团体讨论的形式,让多个被督导者在一名或几名督导者的引导下,提出咨询过程中共同面临的问题,彼此交换思想和经验,通过这种相互作用来实现对自身专业能力的提升,团体督导的人数一般是5~8名,定期进行。团体督导能够节省时间、经费和专业人力,减少被督导者的依赖;但也存在保密和具体到每位被督导者接受督导的时间较少等问题。

3. 现场督导

现场督导是指督导者通过单面镜、录像机等直接观察被督导者对来访者咨询的过程,通过电话、对讲机或亲自进入咨询室,与被督导者合作治疗来访者的问题。这种督导形式有利于增加被督导者学习的有效性,但可能会导致被督导者在咨询过程中不能获得充分的自主性,失去主动性和创造性。

二、朋辈心理咨询的转介

(一)朋辈心理咨询的对象

从一般意义上说,除了神经症、精神疾病、人格障碍、心身疾病患者,一般均可进行朋辈心理咨询。心理咨询一般要求咨询者与来访者心理相容,彼此相互接受、相互容纳、相互吸引;来访者的特征恰好与咨询者的擅长领域相吻合,这样才能达到比较明显的咨询效果。一般来说,咨询对象应具备以下几方面的条件:

1. 具有一定的智力基础

来访者的智力一般需要在正常范围内,因为在咨询过程中他们需要表述自己的问题及相关情况,要能理解咨询者的意思。朋辈心理咨询的来访者都是大学生,所以"具有一定的智力基础"这一条件基本上全部符合要求。

2. 内容合适

一般来说,与大学生心理和社会因素有关的各种适应不良、情绪调节问题、心理教育与发展问题等都适合朋辈心理咨询。

3.人格基本健全

来访者应无严重的人格障碍。因为人格障碍不仅影响咨询关系的建立,也会影响咨询的进行,而且人格的问题旷日持久,并非心理咨询可以解决,需要深入的心理治疗才能奏效。

4.动机正确

有无咨询的动机和动机的内容直接影响咨询的效果。咨询动机越强烈,就越容易使咨询双方密切配合,取得的咨询效果也就越好。另外,来访者咨询的动机或目的确实是为了调整自己的某种状况,而不是为了别的目的。比如,有的人是想寻求心理安慰,有的人是为了能多见几次某咨询者,有的是把咨询室当成避难所,有的来向咨询者证明自己比咨询者还聪明。因此,咨询者应搞清来访者的真实动机,否则很可能是白费口舌。如果发现来访者的动机不正确,应首先调整来访者的动机,否则就中止咨询。

5.有交流能力

那些能够较清楚、明白地表达自己的问题,能顺利体会咨询者的话,并随之采取行动的来访者,较为适合心理咨询。

6.对咨询的信任度高

来访者对咨询、咨询师以及咨询师所持的理论方法的信任度直接关系到咨询的效果。如果来访者越相信咨询是有效的,咨询师是优秀的,其理论和方法是先进的、实用的,就越有可能取得良好的咨询效果。反之,如果来访者对咨询及咨询师一直持怀疑、观望的态度,则可能取得较差的咨询效果。

在朋辈心理咨询中还应该特别关注学习困难学生,包括存在学习状态不正常、失去学习兴趣和学习动力等情况的学生;失恋后长期无法摆脱不良失落情绪而陷于情感危机的学生;经济困难又性格内向的学生;家庭或个人的重大变故导致经济困难的学生;经常出现情绪困扰、行为异常的学生,包括出现抑郁情绪,有强烈罪恶感、自卑感或不安全感,存在明显攻击性行为或暴力倾向的学生;人际关系失调后出现心理与行为异常的学生;过度使用计算机、网络成瘾的学生。

(二)需要转介的对象

转介在大学生心理咨询和危机干预中具有重要的现实意义。它主要指的是在征得学生本人同意的情况下,将来访者从朋辈心理辅导员这里转给学校心理健康中心的专业老师,接受进一步的咨询、诊断和治疗。因为对于每一个朋辈心理辅导员来说,并非所有来访者都适合自己。当咨访双方发现不匹配时,朋辈心理辅导员要及时调试,去适应来访者。如调试后仍不能匹配,就需要转介。具体来说,需要转介的情况如下:

(1)来访者的问题并非朋辈心理辅导员擅长的领域,或咨询的重点与朋辈心理辅导员的知识结构不一致,或来访者的问题非朋辈心理辅导员的个人能力所能解决的;

(2)朋辈心理辅导员自身对某些来访者咨询的内容敏感、有偏见、有忌讳;

(3)来访者对朋辈心理辅导员所信奉的理论与方法不屑一顾;

(4)经初步鉴别后发现来访者属于精神方面的问题,处于发病期;或来访者有重度情绪心理障碍,社会功能严重受损,自我功能极弱,需要求助精神科及使用药物稳定状态的;

(5)朋辈心理辅导员自身在职业倦怠、情绪不稳定、遭遇重大变故或事件时也不宜对来访者进行咨询,或来访者咨询的重点恰巧是辅导员本身正面临的问题;

(6)朋辈心理辅导员发现自己对来访者存在移情,并且没有能力分清界限,无法回到自己的角色中;

(7)咨访双方存在例如亲戚、朋友等亲密关系。

(三)转介过程中要注意的问题

朋辈心理辅导员如果发现来访者的问题不适合在自己这里继续咨询,一定要运用转介的方式将来访者转到心理健康中心的专业老师那里。及时转介也是朋辈心理辅导员最起码的职业道德要求和其应具备的责任意识。

在具体实施转介时,要重点转介患有严重精神疾病的学生;要优先转介出现强迫等神经症症状的学生;要事先征得当事人的同意,防止当事人产生心理抵触;要做好相应的保密工作,防止信息扩散而对当事人造成心理压力;要保留相关文字资料,为后续的咨询和治疗提供依据;当来访者主动提出转介要求时,应及时根据当事人的具体情况,办理相关转介手续。

第八章　高校特殊学生群体的心理健康教育

受社会转型时期各种因素的影响，高校学生群体中存在一部分因受不同的地域、文化、家庭和个人成长背景的影响，在社会位置、经济状况、权益实现、教育机会获得、教育资源占有、竞争能力、自身素质等方面处于相对不利或比较劣势境地的特殊学生群体，主要包括家庭困难群体、学习困难群体、违规违纪群体、网络成瘾群体等。据统计，这些高校特殊群体学生在大学生中的比例已高达30%，而且呈上升趋势。特殊群体学生往往在家庭、生理、心理方面存在一定缺陷而束缚自身发展，呈现出某种不良心理特征和行为特征，已日益成为高校思想政治教育领域的一个热点和难点，给学校的教育和管理工作带来了严峻的考验。

第一节　高校家庭困难学生的心理健康教育

高校家庭困难学生是当今大学校园里的一个重要群体，由于沉重的经济负担引发的种种心理问题，严重制约了他们的学业发展和身心健康。对这一群体，仅仅从经济上提供帮助已远远不够，也要注重从心理上关心他们，有针对性地做好心理健康教育，培养他们健康的人格和高尚的情操，确保他们摆脱经济贫困与心理贫困的双重压力。

一、高校家庭困难学生的界定

高校家庭困难学生群体，一般指因父母一方或双方下岗失业而无稳定收入、丧失劳动能力或已故而没有经济来源、身患伤残重疾而长期负债、育有多个子女（三个或三个以上）而负担较大、遭遇重大变故等，本人及其家庭经济条件困难，难以支付其在校学习期间的学习和生活基本费用，由此产生自卑、抑郁、焦虑、孤僻等心理问题，物质经济和身心素质“双困”的学生群体。

二、高校家庭困难学生的心理和行为特点

对高校家庭困难学生而言，大多数学生忠厚朴实、勤劳简朴、奋发刻苦，能坦然面对经济上的困难和家庭的变故，体现出自尊、自强、自信、自立的优秀品质，但由于其家庭环境和生活条件具有特殊性，使得他们在心理上比其他学生压力更大，容易产生心理问题。

（一）自卑敏感心理

自卑是一种消极的自我评价和自我意识，是自己看不起自己，且以为别人也看不起自己的心理状态。家庭困难的学生大多来自经济贫困地区或者父母下岗待业等低收入家庭，受教育机会和环境的限制，在文艺、体育等综合素质上明显落后于家庭优越的学生，易产生“低人一等”的消极心理，遂有自惭形秽之感，久而久之，产生强烈的自卑心理。在学习和生活中表现出懦弱、心虚、胆小，对社会交往消极被动甚至排斥，生活中处处谨小慎微，常处于一种紧张状态，对于别人的言行举止过于敏感，容易把同学交往中的一些正常行为加以误解，担心别人在背后评头论足、嘲笑自己，或者走向另一个极端，形成过度自尊。有的羞于言贫，认为求助别人会使自己的人格受到伤害，一些家庭困难学生虽然生活拮据却不愿领取助学金，也不愿参加任何勤工俭学活动，表面上看起来很自强，实际上内心脆弱而自卑。

（二）封闭孤立心理

敏感与自卑的心理使这些学生不愿受到其他同学的关注，更不愿成为别的同学谈论的对象与舆论的中心，在学习和生活中喜欢独来独往，离群索居。有的单亲家庭或家庭关系不和谐的学生，由于失去了父（母）爱，感情上失落，性情孤僻，不愿与同学和老师进行交流，遇到困难时往往习惯于一个人承受，也尽量不参加聚会和其他集体活动，人为地在心中筑起一道围墙，

给人一种难以接近、不合群的感觉。家庭困难学生往往也有自己的交际圈，但在这个交际圈中多数都是家庭情况类似的同学，他们的心理和行为特点具有一定的相同性。这样一个群体往往不能融入学校主流生活，而是始终被排斥在边缘境地，使得他们内心更加封闭孤僻。

（三）焦虑沮丧心理

家庭困难学生由于经济和精神上的多重压力，他们为家庭困难或突然发生变故而焦虑不已，脆弱的情感往往表现出情绪不安、精神紧张、悲观灰心等。他们有的因为担心家中欠债过多、父母多病、家庭纠纷而自己又无力改变现有状况而焦虑，有的因为被他人误解和歧视而焦虑，有的面对巨大的就业压力而焦虑，还有的为生活费用、学习费用、能力较差而焦虑。焦虑的学生一般具有郁郁寡欢的性格，如果疏导不及时，日积月累会发展为抑郁症。

（四）文饰虚荣心理

部分家庭困难学生面对自己贫困的家境和自身落后的素质，内心深处会感到羞愧不已，然而表现在行为方式上，有时却截然相反，经常采取与现实情况不相符的行为举动，甚至采用各种方式将自己包装掩饰起来，以满足自己一时的虚荣心。有的学生用私下里勤俭节约的钱把自己打扮得风光亮丽，有的学生在同学面前故意慷慨大方、强颜欢笑，虽然表面上表现出凡事漠不关心无所谓的样子，内心却极度虚弱不安，正是由于他们害怕自己受挫被人看不起，才极力掩饰自己的弱点，以达到心理上短暂的安慰。还有少数家庭困难学生用各种受助金进行过度物质消费，来满足虚荣、掩饰贫困，种种类似举动其实就是心理上的自欺欺人，短暂的得意安慰过后，往往会给自己带来更大的痛苦，心理压力将越来越重。

（五）嫉妒不满心理

家庭困难学生在面对周围家境条件优越、各方面素质优秀的同学时，往往会产生强烈的嫉妒心理，个别思想偏激的甚至产生“仇富”“拜金”心理，他们忽视了家庭、学校、社会给予他们的照顾和关注，而是常常怨天尤人，感叹生不逢时，怨恨父母无能，愤恨世道不公，将个人的不利迁怒于整个家庭、学校和社会，对社会持悲观否定的态度，把市场经济条件下正当的竞争看作是有意作对，对学校教导的道德风尚持怀疑否定态度。在行为上，他们对学校、老师的教育反感与抵触，对父母的养育之恩抛却脑后，对周围的人和事异常敏感，人生态度消极、自怨自艾，进而发展到仇视社会、不满他人，甚至走上违法犯罪的道路。

三、高校家庭困难学生心理问题成因分析

(一)主观因素

根据认知治疗的理论，在生活经验中形成的认知假设往往影响人们对于事物的评价，这种认知假设存在于人们的潜意识之中，不易被察觉却支配着人们的行为。这种潜意识一旦被某种严峻的生活现实激活，则会在人们大脑中出现情绪抑郁和焦虑等障碍。家庭困难学生心理问题的产生与其个人对事物的认知程度密切相关，尤其是对贫困问题的认知，影响了其心理健康。而在现实中，部分学生将家庭困难的原因片面归结于客观因素，认为是社会的不公、体制的缺陷、政策的问题或时运的不济。在不能改变既有现实的情况下，又将贫困归结于父母和自己的无能，产生自卑心理，给整个人生涂上一层灰色的基调。因此，家庭困难学生对通过上大学改变自己的命运都抱有较高的期望值，大都有着强烈的出人头地和报答父母恩情的想法。相对于一般学生，他们对学习成绩、工作就业等方面的自我期待较高，只允许成功不能失败，一旦期望与现实之间出现差距，他们就容易产生挫折感，心理压力加重。

(二)客观因素

社会环境、学校环境、家庭环境等客观原因，也是影响和制约家庭困难学生心理健康的重要因素。社会环境方面，在“拜金主义”“拼爹时代”等不良思潮和错误价值观的影响下，人与人之间的关系变得冷漠、势利和虚伪，

有的以金钱为唯一目标，这种价值取向加剧了家庭困难学生对自己是“弱势群体”“下层阶级”的悲观和对金钱的渴望，导致心理困扰加剧。在学校环境方面，大学与中学对学生评价标准的差异，导致家庭困难学生的心理压力加大。中学时评价学生的标准往往主要是学习成绩，只要他们顺利通过高考跨入大学校园，就被当地人视为骄傲和榜样。进入大学后，评价体系的多元化使家庭困难学生失去了成绩优势，贫富差距的悬殊会导致学生心理包袱过重，又因为从小受其他教育熏陶匮乏导致其在文艺、社交、创新等方面的综合素养相对较低，原有的骄傲便会转化为自卑，进而表现为孤僻多疑、沉默寡言、自我封闭、悲观偏激，成为影响心理健康的隐患。在家庭环境方面，一些家庭困难学生的家长为支撑家庭而常年四处奔波，与子女相处时间较短，家庭教育的缺失使得家庭困难学生在情感交流方面存有障碍，对外界反应较为敏感；同时家庭困难学生承载着改变家庭经济状况的压力，平时与父母的交流多是围绕学习成绩等话题，导致他们在学习之余很少有精力和时间投入文化娱乐、旅游、交友等活动中。过重的心理压力无从释放，越积越多，在得不到有效缓解的情况下，可能诱发更为严重的抑郁或绝望等心理问题。

四、高校家庭困难学生的心理教育对策

基于家庭困难学生因经济困难而产生的一系列心理问题，高校应在发挥资助体系的基础上，针对家庭困难学生存在的心理问题和行为特点及所处的成长环境，大力培养他们积极向上的健康心态，助其走出心理困境，实现物质和心理“双脱贫”。

（一）强化思想引导，端正价值取向

1.树立正确的贫富观

教育引导家庭困难学生认识到，贫困问题只是暂时的社会问题，物质上的贫穷不可怕，缺乏知识、缺乏信息、缺乏获取信息的手段才是真正的贫困。大学是获取精神财富道路的起点，只要刻苦学习，用知识和技能来武装自己，就能改变未来的道路。

2. 树立自强自立的信心

教育引导家庭困难学生把贫困当成一种磨难、一种财富，“天将降大任于斯人也，必先苦其心志、劳其筋骨、饿其体肤”，只要以积极乐观的人生态度去迎接生活的挑战，合理规划大学生活和人生道路，艰苦磨砺、奋发拼搏、自立自强，人人都可以享有人生出彩的机会。

3. 心怀感恩，增强社会责任感

教育引导家庭困难学生“滴水之恩，当涌泉相报”，激发起感恩之心，增强社会责任感，少一些牢骚，多一些行动，少一些冲突，多一些谅解，不仅要从社会上获得，更应该懂得为社会付出，积极主动参加学校组织的“爱心传递”和“受助者助人”等社会实践活动，倾注自己的爱心报答社会、感恩他人，在助人活动中实现自己的人生价值。

（二）科学心理疏导，培塑健全人格

人格是人的所有心理特点的总和，反映一个人的整体精神面貌，包括需要、动机、兴趣、信念、世界观等个体心理倾向性和气质、性格、能力等个性心理特征。而开展心理健康教育疏导，是解决家庭困难学生的心理问题最基本的手段之一，对促进他们身心健康成长具有重要意义。高校要把普及心理健康教育和建立心理咨询室纳入重要工作议程，加强骨干力量的培养，配备一批专兼职结合的心理健康辅导员队伍，为每名家庭困难学生建立心理健康档案，充分利用好线上线下平台，及时把握其心理动态和需求，组织“面对面”或“键对键”的心理健康教育和心理咨询辅导。通过开设专题讲座、举办报告会等途径，大力普及心理健康知识，帮助家庭困难学生掌握自我心理调适的方法，在自我调控中释放压力，降低内心的焦虑心态，在积极获得和利用各种社会支持中，消除人际交往中的障碍心理。对于家庭困难学生常见的心理困惑，针对性地设计开展形式多样、主题鲜明的心理讲座，如“社会交际艺术”“摆脱自卑，重塑信心”“知识改变命运”等，定期邀请优秀校友和社会人士围绕学习、生活、创业、工作经历进行现身说法，传授奋斗心得和成功经验，用良好的典型示范作用感召引领家庭困难学生，帮助他们走出心理低谷。

(三)营造和谐环境,形成良好导向

大学校园是家庭困难学生活动的主要场所,先进的校园文化可以有效培养学生正确的世界观、人生观和价值观,对于促进学生心理健康起着积极的导向作用。要大力营造人人平等的环境氛围,注重保护家庭困难学生的隐私,在开展救助活动的同时,要把握宣传的“度”,尽量避免给家庭困难学生打上“贫困”的烙印。要教育引导其他同学主动与家庭困难学生相处与交流,时刻注意言谈举止的分寸,真诚地给予关心与关爱,高度尊重他们的人格尊严,不触及他们的个人隐私,杜绝表现出施舍救助的感觉。积极倡导理性消费,建设节约型的校园风气,通过开展知识讲座、观看电影、参观爱国主义教育基地等形式,引导学生自觉传承艰苦奋斗、勤俭节约的优良传统,杜绝“一切向钱看”的不良社会风气,引导学生树立正确的消费观念,使之成为一种校园风尚。广泛开展丰富多彩的实践活动,充分发挥学生党支部、团学社团的作用,将家庭困难学生组织在一起,成立自立自强、自我激励的自强班,实施个性化教育,通过相互交流缓解压力,相互安慰激发斗志,形成集体认同感、归属感和成就感。通过举办特色鲜明的主题实践活动,如志愿服务、爱心传递、社会实践、文体活动等,为家庭困难学生群体提供一个宽松愉悦的生活环境、展示自我的社交平台和挖掘“闪光点”的技能舞台,让他们在集体大家庭中充分沐浴阳光,感受真挚情感,消除心理戒备和阴影。

(四)完善资助体系,营造帮扶氛围

思想问题往往由现实问题引起,经济问题是家庭困难学生一切问题的根源,这个问题不解决,其他问题就无从解决,因此解决他们的心理健康问题首先要解决他们的经济压力问题。学校要合理调集和优化配置来自各个方面的资金,通过开辟“绿色通道”解决家庭困难学生的经济困难,建立一套以心理健康教育为基础、勤工俭学为主要手段、助学贷款为基本渠道、奖学金为重要激励、学费减免和困难补助为必要补充的全方位资助体系,将经济资助与心理援助有机结合起来,回答家庭困难学生普遍关注的焦点难点问

题，鼓励家庭困难学生勇敢面对逆境和挫折，通过自身的健康成长、能力提升、学业进步获得相应的资助。这样既能解决家庭困难学生的实际困难，又能从根本上解决其依赖心理等问题。加大对家庭困难学生进行就业援助的支持力度，开展就业引导与帮扶指导，转变他们的就业观念，提升他们的就业技能，从而增强他们的就业竞争力。开展就业心理咨询等，帮助家庭困难学生缓解就业过程中出现的焦虑心理，优先为其推荐用人单位和提供就业信息，增大其求职成功的概率。

第二节　高校学习困难学生的心理健康教育

近年来，随着高校不断扩招，高校的门槛逐步降低，在越来越多的学生步入大学校园的同时，也出现了良莠不齐的现象，在高等学校内出现了一批学习困难学生群体，严重影响了高校教育的效果。摸清学习困难学生的心理和行为特点及其成因，制定针对性的教育策略，解决好学习困难学生的心理问题，促进他们成长成才，对提高高校人才培养效益、培养社会主义建设优秀接班人具有十分重要的意义。

一、高校学习困难学生的界定

在教育的各个阶段皆存在学习困难学生，概括起来主要有两类：一类是学习障碍，另一类是学业不良。其中，学习障碍指的是由于先天性原因使得中枢神经系统功能失调，导致学生在聆听、说话、阅读、书写和推理能力等方面表现出显著的困难。[①]这部分学生更多的存在于接受基础教育阶段。由于进入高校需经过高考严格的筛选，使得高等教育阶段的学习困难学生有其特殊性，相比较而言，高校学习困难学生很少存在学习障碍的现象，更多地表现为学业不良。我们所研究的学习困难学生主要是学业不良类型的，是指感官和智力水平正常，由于学习兴趣不浓、学习习惯不好、学习信心不足、学习方法不当等多方面原因，对学习内容的掌握、理解以及灵活运用方面存在一定障碍或困难，导致学习效率较低，跟不上高校正常的学习生活节奏，

①刘思明.高校学习困难生群体特征及教育对策研究[J].科技信息，2010(28)：143.

难以达到学习最基本要求的一类学生群体。学习困难学生往往表现为性格叛逆、意志薄弱、不思进取、厌学逃学、自由散漫、痴迷网络等，如不及时进行教育疏导，将导致学生学习成绩和学习能力倒退，综合素质下降，不利于高校实现培养人才服务社会的社会职能。

二、高校学习困难学生的心理行为特征

不同类型、不同年龄和不同原因导致的学习困难学生的心理行为的特征可能不同。但概括起来，主要表现在以下几个方面：

(一)厌学

厌学是学生对学习的一种负面情绪，是一种比较突出的心理疲倦反应。高校学习困难学生普遍对学习存在认知偏差，学习动机较低，情感上消极对待，行为上主动远离，一提到学习就心烦意乱、焦躁不安，主要表现为学习被动，没有老师督促从不会进行课前预习、课后复习，作业大都抄袭敷衍；他们上课时精力容易分散，注意力不能集中，上课没精神，课后却十分活跃。厌学情绪严重或受到一定诱因影响时，往往会发生旷课、逃学等违规违纪行为。

(二)焦虑

焦虑是一种消极不安的情绪体验，往往在一个人的动机行为遇到挫折后产生。虽然相对于高中生活，大学的学业压力减轻不少，但对于当前高校对大学生的评判标准，学习成绩仍然是衡量学生综合素质的一个非常重要的因素。学习困难学生由于学习成绩不好，在班级中很难获得学习上的成就感，使他们倍感挫折，担心学习成绩不好影响将来就业，自己很难出人头地，无法改变家庭困难的现状，感到失落、沮丧、压抑、痛苦，从而背上沉重的思想负担，影响正常的学习生活。

(三)自卑

由于学习困难学生成绩的排名比较靠后，在同学面前总是感到自己不

仅在学习能力方面比不上他人，而且做其他任何事都没别人优秀，加上部分家长、教师、同学对学习困难学生的另眼看待，造成他们的心理长期遭受压抑，使其对学习严重缺乏自信，同时又因当前严峻的就业压力，对自己将来的前途命运感到悲观，因而把自己全盘否定，产生强烈的失落感和自卑感。他们往往离群索居、脆弱敏感，心中一直有低人一等、自我形象不佳的阴影，对学习丧失信心，对生活缺乏勇气，不愿意同别人交往，社会交际能力较弱。

（四）习得性无助

学习困难学生往往在考试、就业等方面反复遭受失败或挫折，逐渐萌生对现实爱莫能助甚至听任摆布的行为、心理状态，此称为习得性无助。学习困难学生主观意愿上也想学习，并付诸一定努力，但经过多次考试失败、成绩排名长期靠后的现实打击后，导致学习信心严重受挫，随着在学习过程中遇到的困难越来越大，便产生习得性无助情绪，表现为破罐子破摔，自我认定为“差生”，感觉怎么努力结果也就那样，于是主动放弃努力，不能全身心地投入到学习中去，从而引发学习困难。

（五）自制力弱

自制力是个体掌控自己思维想法和举止行为的能力，大学生学习困难的一个重要表现就是自制力弱，极易受外界诱惑的干扰，缺乏坚定的意志，难以协调控制自己的思想心理和行为举止，容易屈从于不良的行为习惯。他们往往认为自己学习的成败是外部的、不可控制的原因造成的，学习动机不端正，把学习看作是一蹴而就的事情，缺乏耐心，不愿吃苦，学习过程中一遇到困难就表现出垂头丧气、半途而废的状态，并且贪玩不能自制，把大多数时间投入脱离现实的虚拟世界中，如游戏娱乐、网络聊天、言情小说，或是花费大量精力四处参加交际活动，甚至在宝贵的上课时间偷偷地玩游戏，沉迷于与学习无关的事情，造成学习困难。

三、导致学生学习困难的因素

(一)社会因素

随着改革开放的不断深入,在带来经济飞速发展的同时,“拜金主义”“享乐主义”等腐朽文化的不良影响也融入社会当中。开放的社会没有封闭的校园,大学生的思想、学习、生活跟社会大环境紧密相连,社会上的不良思潮和价值观时刻影响着大学生。有的学生受“拜金主义”的影响产生“金钱至上”的价值观,认为学与不学一个样,没有文化到社会上照样能就业赚钱,在校攀比消费档次,在外琢磨挣钱门路,使不少大学生产生浮躁心理,难以安心学习;有的学生受“享乐主义”的影响,奉行“今朝有酒今朝醉”的生活理念,把大学当作享受的乐园,混日子、混文凭,吃喝玩乐、得过且过,沉迷游戏、沉醉恋爱、荒废学业,不肯吃苦、不愿动脑,学习成绩一落千丈。有的学生片面地理解地方招聘单位“经验至上”的用人理念,产生“读书无用”的思想,认为学好学坏一个样,而是把自己的主要精力用在参加各类职业资格认证上,频繁参加社团活动,长期在外兼职挣钱,严重影响学习的精力和时间。

(二)高校教学管理因素

学校是管理组织学习的地方,其教学管理不严格、课程设置不合理、师资力量不够用等原因,都会对学生的学习产生巨大的负面影响。

1.高校扩招带来教育模式的改变

近年来,随着高校扩招,大学生的数量急剧增加,使得多数高校无论在软硬件设施上还是在教学管理上,都呈现出捉襟见肘的感觉。特别是在教学方式上,大多学校以集中上大课为主,授课教师和辅导员难以准确掌握所有学生的到课出勤情况,无形中给学习困难学生逃课旷课、迟到早退钻了空子。

2.高校教师事业心、责任心不强

由于高校教师晋升职称时对科研有较高的要求,导致部分教师“重科研,轻教学”,上课“填鸭式”授课,导致学生听不懂、听不进去,降低了学生对学习的兴趣；有的教师只注重知识的传播，轻视对学生学习方法和学习能力的培养，导致少数学生对大学学习不适应，从而出现学习困难。

3. 辅导员数量偏少

2006年，《普通高等学校辅导员队伍建设规定》中规定，高等学校总体上要按师生比不低于1∶200的比例设置本、专科生一线专职辅导员岗位，辅导员的配备应专职为主、专兼职结合。然而不少高校在专职辅导员的配备上不达标准，有的甚至一名专职辅导员管理三四百名学生，导致一线辅导员数量不足、精力不够，对学生的学习情况了解不深入，帮带辅导不到位，化解思想心理问题不及时，使部分学习困难学生处于不被关心的境地。

（三）个人因素

1. 学习动力不足

许多大学生在进入大学前把考上大学作为自己的奋斗目标，一旦通过竞争激烈的高考步入大学校园后，便认为“船到码头车到站”，自我感觉已经达到了人生终极目标。进入大学后，便失去了学习的压力，又不能及时树立新的人生奋斗目标，对今后的奋斗目标缺乏正确规划，由此产生空虚、茫然心理，表现为学习无目标、干事无计划、生活无规律，最终导致学习成绩不理想。

2. 专业兴趣不浓

由于高考分数的因素，部分大学生未选择读自己理想中的专业，对自己现在就读的专业不感兴趣，持无所谓的态度，无方向感，丧失学习动力，学习效率不高，甚至产生逆反心理，自暴自弃，逐步成为学习困难学生。

3. 学习方法不当

大学在教育形式、教育内容等方面，相比高中有很大区别，在教学管理上由依赖老师严格监督转为由学生自主安排学习，在教学方式上由满堂灌输转为以引导式自学为主，学习时间上由相对集中统一组织转为个人自由支配，面对这些转变，有的学生学习观念仍停留在高中，方法仍照搬高中那一套，不及时调整创新，无法紧跟大学的教学特点，不能适应从中学到大学的转变。

四、高校学习困难学生的心理教育对策

（一）加强职业规划，明确学习目标

思想是行为的先导，目标是指引前进的动力。高校要将职业生涯规划教育贯穿大学阶段的全过程，帮助学习困难学生规划自己的学习目标和未来的职业生涯，增强学习的方向性和主动性。在入学之初，通过邀请优秀毕业校友和知名专家作辅导报告，帮助新生全面了解所学专业的优势和特点，明确学习目的，增强专业信心，树立专业思想，提升学习动力，变“要我学”为“我要学”，走出“学习困境”的阴影。在此基础上，指导学习困难学生结合个人实际制订学习和生活计划，科学合理地安排学习和业余时间，逐步克服混乱的作息习惯，使学习生活步入正轨。在校学习中期，重点围绕大学生素质拓展展开，通过组织技能创新大赛、文艺晚会等校园文化活动，提升学生的社会实践能力和全面素质，培养学生的创新创业精神；临近毕业，要重点围绕就业指导开展活动，通过邀请往届优秀毕业生传授经验、政府部门领导宣传就业政策、企业公司人员开展面试辅导等途径，提高学生的就业能力。

（二）强化自我认定，重树学习信心

自我认定是指在正确认识和估计自己的基础上，以及在追求自己的需要、利益和价值中最大可能地选择和制定选择来驾驭自己的生活。多数学习困难学生由于存在一定的心理健康症结，常常不知道自己的问题所在，对自己的长处和不足缺乏认识，容易把失败归因于自己的能力，反而把成功归因于运气，这些因素都严重影响了学习困难学生的自我认定。高校教师在教学中应当努力帮助学习困难学生形成正确的自我评价，逐步提高他们的自尊心和自信心，通过树立身边榜样找准差距不足、教授学习策略进行归因重塑、强化正面引导规范行为训练、增进信任激发学习动力等方式，帮助学习困难学生既能发现自身的“弱点”，又能发掘自身的“闪光点”；高校教师尽量为学习困难学生创造展示自我和获得成功喜悦的机会，帮助他们发现自身潜在优势，重新认识自我，逐步培养学习兴趣和自信、自强、乐观向上的心

态，自觉将个人注意力投入学习中，促进学习成绩的提升。

（三）搞好联教共育，提升学习动力

做好学习困难学生的转化工作，单靠辅导员或授课教师跳“光杆舞”不行，必须调动学校、家庭和社会多方面的力量，形成齐抓共管的强大合力。学校教务部门和学生管理部门必须制定科学和严格的措施，注重思想教育，强化检查监督，严格纪律约束，建立学生考勤、课堂管理、考试纪律等方面的管理制度，完善事先防御、事中监控、事后处置的过程管理体系，综合运用管理和教育两种手段，使其相互促进、相得益彰，用教育带管理，以管理促教育；要努力营造浓厚的校园文化氛围，通过召开座谈会、举办联谊会等形式，切实了解学习困难学生内心的真实想法。通过分享交流，使学生在活动中赢得荣誉和别人的尊重，在和谐、文明、友爱、相互尊重的校园文化氛围中提升自尊和自信，学习人际交往技巧，减少焦虑和抑郁症状，培养健康向上的人生态度。同时，学校要通过书信、电话、网络、家访或开家长会等形式，加强和家长的联系与沟通，详细告知其子女的学习成绩、在校情况，耐心向家长传递现代教育观念和教育方法，让他们更多地推行赏识教育和鼓励教育。学校对学生本着关心理解的态度，分析学生学习困难的原因，帮助学生寻求解决措施，结合他们的点滴进步及时给予表扬和鼓励，使学习困难学生在享受真情实感的交流中获得幸福感和愉悦感，增强他们战胜学习困难的信心和勇气。

（四）开展朋辈辅导，促进学习效益

针对学习困难学生不喜欢与同学交流，比较孤僻、喜欢独处的特点，学校要面向全体、兼顾个人，分层次、分阶段、分步骤的开展心理健康教育。挑选一批品学兼优的学生党员、学生干部与学习困难学生成立学习互助组，采取“一对一”的朋辈辅导教育，在专业学习上辅导他们，在生活作息上带动他们，在遇到困难挫折时疏导他们，在取得进步时鼓励他们。这样既教会了他们学习的方式方法，提升了他们的学习兴趣，又提高了其与人交际的能力，

在帮扶者的模范带动下，自觉做到从他律向自律转化，重新找回学习的成就感，感受到同学的温暖和集体的力量，产生巨大的心理动力，逐步消除孤独感，自觉端正厌学逃学心不在焉的学习态度，改正晚睡晚起沉迷游戏的生活状态，锻造“咬定青山不放松”的坚强意志，磨炼“不管风吹浪打”的抗挫心理，不断增强战胜学习困难的勇气和信心。

第三节　高校违规违纪学生的心理健康教育

大学生违规违纪问题是高等学校学生管理工作中的突出问题，既给大学教学管理带来了挑战，又对学校、家庭乃至社会造成了不良影响。诱发高校学生违规违纪的一个重要原因就是学生心理素质的不健全，同时，由于违规违纪又反向加重该学生群体的心理问题，陷入恶性循环。因此，解决学生的心理问题是做好违规违纪学生的教育转化工作的关键，要重视学生违规违纪行为的心理预防，更要做好高校学生违规违纪后的心理教育疏导。

一、高校违规违纪学生的界定

高校违规违纪学生是指在校大学生违反学校各项管理规定和规章制度，有碍于学校正常教学管理秩序，产生众多负面影响的行为。主要表现在四个方面：一是学业性违规违纪，比如旷课逃课、迟到早退、考试作弊等；二是生活性违规违纪，比如打架斗殴、酗酒滋事、使用违规电器等；三是道德性违规违纪，和个人道德密切联系，比如出具虚假材料骗取国家资助、不按时归还助学贷款、异性间不文明交往、盗窃诈骗、损坏公物等；四是心理性违规违纪，主要指学生因心理障碍引发行为失常，在病态心理或变态心理驱使下发生的违规违纪行为，这种违规违纪行为较为隐蔽，不容易被及时发现，容易发展成恶性伤害事件。违规违纪学生往往在心理上存在一定问题，影响自己和他人的学习及人格发展。

二、高校违规违纪学生的心理和行为特征

(一)大学生违规违纪的心理动因

1.心存侥幸的从众心理

青年学生对价值观念、道德标准的辨别力尚未完全建立,容易人云亦云,盲目跟从。有的学生看到别人旷课、作弊时,自己也跟着效仿,虽然明知是违规违纪行为,但认为法不责众,加上抱有一定的侥幸心理,使他们对可能发生的后果缺乏担忧和恐惧,盲目地认为自己能够逃避惩处。

2.无所畏惧的放任心理

部分大学生纪律意识淡漠,对学校的管理规章制度不屑一顾,对任何事都感觉无所谓,以一种很不在乎甚至调侃的态度去对待周围的一切。有的学生对待旷课、逃课等问题抱着放任宽容的态度,认为没什么关系,存在有过无责心理;有的学生不把赌博与越轨等当回事,认为这只是他们个人的生活方式和隐私,抗拒管理与教导。

3.贪恋自私的狭隘心理

部分学生存有极端自私的个人主义思想,如因自己的钱物被偷而心理失衡产生怨恨和补偿心理,认为别人偷我的,我就要偷别人的,进而顺手牵羊拿走别人的钱财和物品,产生了偷盗行为。

4.虚荣求胜的躁动心理

一些违规违纪学生由于自尊心太强,过于注重面上的虚荣,凡事都想比别人强,继而容易产生躁动心理,在这种心理的驱使下,他们往往遇事爱逞强、不冷静,做事不考虑后果。比如有的学生在考试中希望取得好成绩,求胜心切迫使他们产生了作弊行为;有的学生看不得自己与别人有差异,总想方设法要超过别人,甚至不择手段。

5.偏激敌对的冲动心理

有的大学生年轻气盛、争强好胜、易于冲动、不计后果,在突发事件当中不能保持理性,易受唆使。如有的学生为了所谓的“哥们义气”“两肋插刀”,极易引发打架斗殴甚至酿成恶性事件,甚至不以为耻反以为荣,感觉体现出

了“英雄气概”。

(二)大学生违规违纪后的心理和行为特征

1.懊悔不已的沮丧心理

部分违规违纪学生在受到处分后,能够清醒认识到自己的错误所在,对自己因一时冲动违规违纪而懊恼,对自己大学生涯不光彩的记录而悔恨,表现为意志消沉、情绪低落、唉声叹气,惶惶不可终日,感觉学习、生活失去劲头和动力。

2.阴影笼罩的自卑心理

这是违规违纪学生中最普遍的心理障碍,他们感到“无颜见江东父老”,自尊心受到极大伤害,特别是看到身边同学获得荣誉时,容易自我贬低、看不起自己,甚至否定自身在各方面的一切优势,感觉自己一无是处,始终笼罩在违规违纪的阴影下,导致无法安心学习。

3.冷漠敏感的封闭心理

违规违纪学生在受处分后会面临各种心理压力而感到焦虑,尝试改正却担心未来道路仍然不畅,渴望获得帮助却又害怕遭到拒绝和羞辱,在矛盾心理中不自觉地将自己与学校、老师、社会对立起来,有意逃避集体活动,对他人态度冷漠,抵触情绪大,甚至别人漫不经心的一句玩笑话都可能刺痛他们敏感的神经,感觉他人看不起自己,出现自我封闭的心理疾病。

4.一蹶不振的挫折心理

逆境可以成就一个人,也可以摧毁一个人。违规违纪学生受处分后,过分放大受处分的影响,感觉自己从此就背上了耻辱的名声,此前的人生理想和宏图壮志将荡然无存,对自己的知识、能力、素质与特长失去信心,进而破罐子破摔,不思进取,随之沉沦。

5.迁怒报复的攻击心理

有些违规违纪学生受处分后,心存不满,情绪激昂,尤其是对揭发自己违纪行为的人充满憎恨心理,容易失去控制,产生嘲笑、谩骂、殴打、杀害等报复攻击行为;或者无法直接攻击而采取变相的暴力行为,比如莫名发火、随意摔东西、蓄意制造破坏事件,甚至产生自残、自杀等自我攻击行为。

三、影响高校大学生违规违纪的因素

高校学生违规违纪行为的产生，受多种因素的影响。归纳起来，主要包括四个方面：

（一）社会不良文化的影响

我国正处在深化改革的社会转型期，各种思潮和价值观良莠不齐，贪污腐败、道德失范、诚信缺失、投机暴富、赌博迷信、偷窃卖淫等不良风气和丑恶现象不同程度地存在，这些不和谐因素对大学生思想造成了极大冲击，容易侵蚀心灵、模糊信仰、削弱意志、扭曲道德，给大学生健康成长成才带来了严重的负面影响。有的学生崇尚“金钱万能”的思想，无视道德正义；有的学生推崇“江湖义气”，缺少法纪观念；有的学生幻想“一夜暴富”，以不正当的方式满足个人私欲。加之一些非法出版物如淫秽书刊、光盘充斥市场并流入大学校园，不断侵蚀摧毁着意志不坚定学生的内心自律系统，刺激引诱他们违规违纪。

（二）学校教育管理不严

部分高校在教学管理体制、运行机制上还存在不健全不畅通的问题，虽然在制定规章制度上投入了大量精力，但在落实监督方面投入的力量不足，普遍存在有章不循、有章难循的状况，比如对逃学旷课、违章用电、破坏公物、婚前同居等现象常常疏于管理甚至“睁一只眼闭一只眼”，放纵了学生违规违纪心理的膨胀。有的虽然实行了严格的量化考评和目标管理，但对道德教育重视不够，只强调学生被动地接受约束，往往一出现问题就对学生随意发表否定性评价，动用处分手段，忽视了学生内在的自觉性和自律性的培养，忽视了对学生的心理教育和疏导，对学生人生观、价值观、爱情观、道德观等重要思想观念的培塑效果不明显，从而难以完全规范和约束学生的行为，往往“按下了葫芦浮起了瓢”，直接或间接地导致学生反复出现违规违纪行为。

(三)家庭教育方法失当

家庭教育是每个人自幼健全完善其自律系统的重要方式。家庭生活环境、父母的教养方式以及家庭人际关系,对学生个性品格的形成和塑造起着潜移默化的作用。如果父母教育方式失当,父母分居、离异,家庭人际关系紧张等因素,对学生具有很强的副作用,给其身心发展带来消极影响。有的父母对子女过分溺爱,一味迁就包容,造成了子女极端个人主义和自私任性的心理;有的用简单粗暴的方法对待子女,造成子女孤僻冲动的性格;有的父母自身存在一些恶习,如偷盗、赌博、打架斗殴等,耳濡目染中使子女产生不健康的生活习惯;还有的学生家庭经济困难,导致其产生自卑、焦虑、仇恨等心理,在这些因素的驱使下,学生极易出现违规违纪行为。

(四)学生心智发展缺陷

学生自身的心理问题是导致许多违规违纪行为发生的根源,包括意识、情绪体验、心理需要、意志等方面的障碍。大学生一般都在18~25岁,正处于生理成熟而心理尚不完全成熟的阶段,世界观、人生观、价值观尚未成形,加上自身阅历尚浅,经验不足,对善恶美丑、是非标准的判断力和辨别力还没有完全建立,自我控制能力偏低,情感不稳定,情绪波动大,心境变化快;但可塑性和效仿力又很强,心理上有独立的需求,却又缺乏掌控自己行为举止的能力,造成一些控制力和意志力不强的大学生抵挡不住社会错综复杂的诱惑,难以掌控自己的思想和行为,致使违规违纪行为不断发生。

四、高校违规违纪学生的心理教育对策

解决好违规违纪学生的心理问题,既要瞄准学生因违规违纪受处分后产生的特殊心理问题,进行针对性的心理干预,解决“治标”的问题,又要着眼违规违纪学生群体的普遍心理特征,搞好教育引导、氛围熏陶、心理预防等工作,解决“治本”的问题,从而有效减少大学生违规违纪行为的发生。

(一)增强法纪观念，严格纪律约束

没有规矩，不成方圆。学校要坚持“育人为本、德育为先、依法治校”的管理理念，依据教育部第21号令《普通高等学校学生管理规定》和《高等学校学生行为准则》，建立完善的教育教学管理体系，稳定教学秩序、工作秩序和生活秩序，端正校风学风，规范学生行为。同时针对当今时代条件下出现的新情况、新问题，及时完善相应的规章制度，形成有法可依、有规可循的良好道德风尚和法治环境。大力开展法制教育，树立法治精神，通过校园广播、宣传展板等形式加强法制宣传，举办法制讲座、法律知识竞赛、模拟法庭等，提高学生明辨是非、区别善恶的能力。对于违反校纪校规的学生，学校应一律严肃查处，以严明的纪律要求、规范的运行管理，形成良好的影响力和约束力，营造执法必严、违规必究的鲜明导向。

(二)注重因势利导，端正思想认识

如同“板子打在自己身上方知痛”，违规违纪对于每个大学生来说都是一个重大挫折，对其心理都会产生较大影响，引发较大的“痛觉”。高校教育者在开展教育转化工作时，可以把发生在学生身上的违规违纪行为作为现实教材，抓住他们的切身体会开展警示教育，引导他们深刻反思自己错在哪里、为什么错了、如何改正等一系列问题，实现被动灌输型教育向自我反省启发式教育转变；引导他们树立正确的世界观、人生观和价值观，形成正确的自我认定态度，使其主动认识到自己的错误，找准自身问题所在，树立“违纪可耻、违纪不改更可耻”的思想，把挫折当财富而不是包袱，在总结吸取教训的前提下化教训为动力，从哪里跌倒就从哪里爬起，主动攻坚克难，奋发图强，努力形成自尊、自信、自立、自强的健全人格。

(三)做好心理疏导，消除心理阴影

违规违纪后受到学校的处分，从心理学角度来说，对大学生是一个应激事件。不论学生之前是怎样的心理状态，在受到学校处分后，都会对其不可避免地带来某种程度的心理冲击，使其产生一定的心理压力。而心理辅导

可有效地提高违规违纪学生的心理素质，完善他们的人格特征，防止他们再次产生违规违纪行为。学校要为每名违规违纪学生建立心理档案，实时掌握他们的心理状态，针对性地开展心理咨询和团体心理辅导。发动各级学生干部与违规违纪学生开展“一对一”的心活动，用热心换取真心，深入进行心理交流，促使其主动倾诉内心的苦楚、不满、忧虑等，最大限度地释放心理压力，克服心理障碍。要针对学生心理症结的不同搞好个别辅导，比如对自卑者要挖掘其“闪光点”注入自信，对嫉妒心强的人要教会他们掌握交际艺术，对爱攀比者要教育他们去除虚荣心理，对心理封闭者要在对其多关心的前提下引导其多参与校园活动等，努力化解违规违纪学生的心理障碍，使其重新树立学习成才的信心和勇气。

（四）加强人文关怀，重塑自我形象

违规违纪学生往往表面上呈现出冷漠、孤僻的样子，其实心里迫切希望找人倾诉、得到抚慰，也希望尽快走出违规违纪的阴影。高校教育者应本着“惩前毖后，治病救人”的方针，坚持“以人为本”的教育观，不戴“有色眼镜”看待违规违纪的学生，不抛弃、不放弃，相信每一名学生包括犯错学生在内心中有积极向善的部分，主动加强对学生的关心与关爱，认真倾听他们的内心世界，了解学生违规违纪的深层原因，耐心细致地做好思想转化教育，鼓励他们积极参加校园文化活动和各类实践活动，大力表彰受处分后进步明显的学生，使其在温馨和谐的环境氛围中感受到被尊重和理解，从而勇敢面对现实，摆脱心理负担，重新找回自信。同时，学校可结合学生后期的表现，本着处分不是目的而是教育挽救的原则，从关心学生成长成才的角度出发，适当建立学生纪律处分撤销制度，使违规违纪学生今后的人生之路再度充满阳光，使他们对学习和生活重新燃起希望。

第四节　高校网络成瘾学生的心理健康教育

随着信息时代的高速发展，网络的触角已经深入高校，与每一名学生的日常生活紧密相连。根据中国互联网络信息中心（CNNIC）于2015年2月3

日发布了第35次《中国互联网络发展状况统计报告》，截至2014年12月，中国网民规模达6.49亿，其中手机网民达5.57亿；网民年龄结构中占首位的是20~29岁的年轻人，占网民数量的31.5%，大学生成为青年网民的绝对主体。[①]互联网在为大学生的学习生活带来巨大便利的同时，随之而来的负面影响也逐渐渗入校园生活，其中最为典型的是大学生网络成瘾的问题，如不及时加以引导与纠正，将会严重影响大学生的身心健康，不利于大学生健全人格的形成，造成大学生荒废学业、逃避问题、人格扭曲、产生沟通障碍甚至演变成心理疾病。

一、高校网络成瘾学生的界定

"网络成瘾"也称"网络成瘾综合征"或"病态网络使用"，最先是美国心理学家格登博格于1995年提出的，他认为网络成瘾虽不具有确切的生物学基础，却与传统的药物成瘾有类似的表征：个体在无成瘾物质作用下，上网行为出现失控，并因此出现明显的社会和心理功能失调。鉴于此，我们对高校网络成瘾学生的界定是，在无成瘾物质作用下，对网络产生高度依赖，出现无法控制或停止使用网络的强迫性用网行为，导致认知适应不良、情绪异常、情感错位、兴趣缺失、人格障碍等问题的学生群体。网络成瘾一般可分为网络色情成瘾、网络聊天成瘾、网络游戏成瘾、网络交易成瘾。目前，关于网络成瘾尚无统一的诊断标准，"比较公认的标准是：以下9项只要符合5项以上，就说明已经上网成瘾，即每月上网超过144小时，也就是一天4小时以上；头脑中一直浮现和网络有关的事；无法抑制上网的冲动；上网是为逃避现实、解除焦虑；不敢和亲友说明上网的时间；可能因上网造成课业及人际关系的问题；上网比自己预期的时间还久；花太多钱在更新网络设备或上网上；要花更多时间上网才能满足"[②]。

①中国互联网络信息中心.第35次《中国互联网络发展状况统计报告》[EB/OL].(2015-02-03)[2018-5-26].http//www.cnnic.net.cn/hlwfzyj/hlwxzbg/hlwtjbg/201502 P0201502035 1885 2631921.pdf.

②闫贝贝.青少年网络成瘾的心理成因分析[J].文学教育,2013(12):150.

二、高校网络成瘾学生的心理和行为特点

网络成瘾给大学生带来了诸多负面影响，极大影响了大学生的身心健康和学业发展，不利于其世界观、人生观和价值观的养成，主要表现出以下四种“症状”：

（一）网络依赖

网络成瘾学生对上网有种强烈的渴望和依赖，脑海中总是无节制地浮现上网这一念想，往往无节制地花费大量时间和精力在互联网上聊天、游戏、浏览网页等，持续长时间地沉浸其中却兴奋不已，甚至达到痴迷的程度。除了上网，他们很难再投入到正常的学习和生活中去，只对网络内容有着特殊而敏感的注意力，对外界事物的关注不能集中，甚至如饥饿、寒冷等重要的生理感受也难以使其离开网络。在不能上网的情况下，他们会产生焦躁不安、情绪低落的症状。他们无论是在校内校外还是课上课下，都会千方百计地要求上网甚至不择手段，导致有的网络成瘾学生发生白天旷课、课堂上玩手机、夜晚偷溜出去上网等违规违纪行为。

（二）网络强迫

有的网络成瘾学生存在不由自主的思想纠缠和无意义的行为重复，虽然自身极力抵抗，但始终无法控制。表现在每天无论有事没事，都倾向于打开电脑，坐在电脑显示器前，漫无目的地在网上闲逛；每天起床第一件事，就是把自己关注的网页、博客、论坛等挨个浏览一遍，否则无法专心于其他事情；白天即使在上课期间，也忍不住想上网，生怕错过一些惊喜和有价值的信息；每天临睡前也必须把自己关注的网站看一遍，虽然大部分时间都一无所获，但仍然不可控制地时刻惦念网上的一举一动，严重影响了他们注意力的集中，造成学习困难，严重的可能使他们完全丧失学习能力。

（三）网络孤独

网络成瘾学生过分依赖网络，而网络的虚拟性使大学生容易脱离现实，

忽视了与家人、老师、同学之间的面对面交流，淡化了个人与社会及他人的交往，远离周围同学，慢慢地对丰富多彩的现实生活失去感受力和参与感，变得越来越孤僻，引发网络孤独的心理障碍，久而久之，将导致情感错位、人际关系淡化等问题。特别是部分网络成瘾学生沉迷于网络聊天或网恋，广泛结交形形色色的网友，遇有心事只愿与网友诉说分享，经常网上聊天眉飞色舞、乐此不疲，网下却沉默寡言、内向忧郁，呈现出截然不同的双重人格特征。

（四）网络臆想

部分网络成瘾学生尤其是游戏成瘾和色情成瘾的学生，容易将自己在网络虚拟世界中的角色及性格表现带入现实生活中，模糊了现实和虚拟世界的区别，导致违规违纪行为的发生，甚至走上违法犯罪的道路。比如有的网络成瘾学生在网络暴力游戏中扮演凶残嗜血的角色，在虚拟世界中的桀骜不驯使得他们在现实生活中容易形成极端攻击的暴躁性格，导致故意伤人甚至杀人等恶性案件的发生。有的学生沉溺于网上的淫秽视频不可自拔，进而形成严重的色情癖，在现实生活中容易产生偷窥、偷拍甚至强奸等违法行为，给社会带来危害。

三、学生网络成瘾的成因

造成大学生网络成瘾的原因是多种因素共同作用的结果，既有网络环境本身建设和监管不到位的外在原因，又有学校对大学生网络心理方面教育缺位的原因，还与大学生本人的自控力、自我调节能力不强有关。

（一）社会原因

沉迷网络色情、网络游戏是致使大学生网络成瘾的主要原因之一，由于当前社会上互联网建设良莠不齐，特别是在西方国家意识形态领域渗透和不法分子投机牟利的情况下，导致很多灰色、非法、不健康的信息充斥其中，极大地污染了当代大学生的心灵世界。如一些国外开发的游戏隐含着色情和暴力内容，色情网站也屡禁不止，对于好奇心强但辨别力弱的大学生群体来说，形成了巨大的诱惑，他们在虚幻的世界里得到了来自视觉、感觉的多重体验，逐渐形成了网瘾。

（二）家庭原因

网络成瘾学生大多来自家庭教育方式不科学，缺少关爱和情感呵护，家长对孩子有着非常高强度的严厉惩罚和拒绝否认的家庭。这样家庭中的家长一般对孩子有着非常明显的操控、控制和惩罚行为，造成了孩子叛逆的性格和急于解脱寻求自由的心态。一旦步入大学并接触网络，在相对宽松自由的虚拟世界中，迎合了这部分学生的心理需求，各种因家庭教育方式不合理产生的一系列负面影响在网络中突显出来，成为促使学生网络成瘾的一个潜在、不易察觉的因素。

（三）学校原因

大学生学习生活的主要环境是高校校园，其教育管理不严或不合理也会促使学生形成网络依赖。不少高校只重视学科专业教育，对大学生网络成瘾问题不够重视，即便是思想政治教育也更加注重理论知识而忽视对学生心理问题的辅导，致使大学生有苦恼却无处诉说，心理有困惑却不知如何寻求帮助，加上高校校园管理相对宽松，对学生上网行为的教育与约束不够，使大学生习惯通过网络解决自身的心理问题，长期下来，最终使学生在网络中迷失了自我。

（四）学生原因

大学生从紧张压抑的高中生活迈入大学校园后，其宽松自由的环境使得部分学生立即放松了对自我的要求，对自己今后的发展缺乏规划，将大多数时间投入网络娱乐中。但由于其人生观、价值观还没有趋于稳定成熟，明辨是非的能力不强，经受不住网络上的一些诱惑而陷入其中无法自拔。有的学生在面临学业、就业、情感等多方面的压力和挫折时，不善于自我调节，本能的转向虚拟世界去寻找寄托，满足自我实现的欲望。有的学生因自卑、自闭等原因，在日常人际交往中存在障碍，易产生孤独感，无法融入现实的集体生活中，而把人际交往的需求和获取归属感寄希望于网络虚拟世界，久而久之，造成网络成瘾。

四、高校网络成瘾学生的心理教育对策

（一）加强网络建设，构建文明氛围

中共中央、国务院下发的《关于进一步加强和改进大学生思想政治教育的意见》中指出，要主动占领网络思想政治教育新阵地，全面加强校园网的建设，使网络成为弘扬主旋律、开展思想政治教育的重要手段。网络是时代发展的必然产物，已经走入了我们工作和生活的方方面面，而大学生又是使用网络最为广泛的群体。因此，解决学生网络成瘾问题不能因噎废食而一味堵塞网络渠道，必须从源头抓起，把加强网络思想政治教育新阵地建设、净化网络环境作为解决大学生网络成瘾问题的基础工作。高校要从技术和法治等方面，加强对网络发布信息的审核，对有害信息加以屏蔽、过滤和堵截，用正确、积极、健康的思想文化占领网络阵地，弘扬主旋律，传播正能量，为大学生营造一个纯洁健康的网络环境。同时，针对大学生游戏成瘾占多数的情况，社会各界应积极开发健康向上兼具益智功能的本土化网络游戏，消除国外游戏的负面影响，使大学生在休闲娱乐的过程中寓教于乐、寓长于乐，摆脱色情、暴力等不良因素的侵蚀与诱惑。

（二）心理干预矫正，戒除网络成瘾

心理干预是指在心理学理论的指导下，对网络成瘾个体或群体的心理和行为施加策略性影响，使之发生指向预期目标的变化的活动。对于网络成瘾学生，可综合采取团体心理辅导、认知疗法或者行为疗法等方式，降低网络成瘾学生的抑郁、焦虑和孤独症状，增强他们的自我控制能力，进而逐渐消除他们的网络成瘾。可以通过座谈、网上讨论、个别谈心等形式从学生的自我认知上进行改造，帮助网络成瘾学生纠正和克服不良的认知，使其重新认识自己、接纳自己、欣赏自己，克服成长障碍；对网络成瘾症状严重的学生，重点搞好个别咨询与治疗，采取厌恶疗法、转移注意力法等，达到改善学

生网瘾的目的。同时,良好的人际交往可以起到稳定情绪、平衡心理的作用,通过开展以人际交往为主题的心理沙龙、集体班会等活动,使网络成瘾学生在轻松愉快的集体氛围中,改善与他人的关系,掌握人际交往的技巧,正确地理解和对待生活,感受温暖,增强自信,尽快走出心理阴影,最终帮助网络成瘾学生戒除网瘾。

(三)规范行为习惯,强化自控自律

网络成瘾学生往往无法控制上网时间,不会合理安排生活,把网络作为生活的主导。对此,要充分发挥家庭监管、学校监察、同学监督的作用,培养学生良好的生活习惯,提升学生的自律意识。家长和学校要根据学生的实际情况,为其制订详尽合理的学习和娱乐计划,督促学生科学分配一日的作息时间,有计划有目的地度过每一天,严格限制上网时间,明确上网目标,杜绝漫无目的地在网上"闲聊瞎逛"。学校要加强学生课堂以外生活秩序的检查,并结合学生的实际表现及时给予奖励或惩罚,以强制性措施改变网络成瘾学生原有的错误行为,并逐步使其正确的行为成为习惯。同时,针对网络成瘾学生对网络特殊的情结,可顺势利导,赋予他们一定的工作职务,培养他们在网络中成为青年学生中的"舆论领袖",发出正面声音,传递正能量。如聘请他们作为校园网络的"兼职管理员",主动发现和纠治他人违规违纪的网络行为,在自我组织、自我引导中强化自我教育,在强化责任中最终实现自我管理、自我约束。

(四)丰富文化生活,优化群体环境

优良的群体环境可以为大学生提供参照系,明确行为目标,给大学生提供一种积极向上、催人奋进的无形动力,不仅有利于提升学生的心理素质,而且也有利于预防网络成瘾的发生。因此,学校应不断优化校园文化,以丰富多彩的文化活动将大学生紧紧地吸引住,用浓厚的校园文化熏陶感染学生,使之树立崇高的理想,融入到校园主旋律中,从而减少进入虚拟游戏世界的概率。组织形式多样的创新技能大赛,创办各类兴趣小组,为网络成瘾学生展示特长搭建广阔的舞台,让他们在现实活动中找到自己的价值所在;

定期组织文艺晚会、球类比赛等活动，充实学生的业余文化生活，缓解他们空虚寂寞的心理；鼓励网络成瘾学生积极参与暑期社会实践、志愿者工作、兼职创业等活动，为他们创造更多了解社会、认识社会的机会，增强与他人沟通的能力，使他们在社会大环境中得到历练与成长，在社会实践中满足他们的交往需求和自我实现的需求，逐步摆脱对虚拟世界的依赖，有效预防和缓解网络成瘾问题。

主要参考文献

[1]孙其昂.思想政治教育学基本原理[M].南京:河海大学出版社,2004.

[2]李忠军.高校辅导员主体论[M].北京:光明日报出版社,2011.

[3]唐家良.高校辅导员队伍专业化建设与成长[M].北京:现代教育出版社,2008.

[4]马建青.心理卫生与心理咨询论丛[M].杭州:浙江大学出版社,2004.

[5]黄晓波.学生工作专业化系统与辅导员核心能力构建[M].北京:北京师范大学出版社,2010.

[6]李文霞,任占国,赵传兵.大学生心理健康教育[M].北京:北京师范大学出版社,2013.

[7]胡凯,等.大学生心理健康理论与方法[M].北京:人民出版社,2010.

[8]程刚,方婷,等.大学生心理健康教育教程[M].北京:人民出版社,2012.

[9]范庆瑜.大学生心理健康[M].北京:北京师范大学出版社,2013.

[10]黄希庭,郑涌.大学生心理健康与咨询[M].北京:高等教育出版社,2002.

[11]朱海娟,张伯华.大学生心理健康教育[M].济南:山东人民出版社,2012.

[12]刘晓明,杨平.大学生心理健康教育——体验·认知·训练[M].北京:科学出版社,2009.

[13]吴素梅,唐文红.大学生朋辈心理辅导理论与实务[M].桂林:广西

师范大学出版社,2013.

[14]杨杰.组织培训[M].北京:中国纺织出版社,2003.

[15]许素萍,吕冬诗.大学生朋辈心理辅导——交往·互助·成长[M].北京:科学出版社,2012.

[16]胡珍.中国当代大学生性现状及性教育研究[M].成都:四川科学技术出版社,2004.

[17]何萌.高校辅导员核心能力结构模型与考评体系的构建[J].西安财经学院学报,2015,28(2):115-120.

[18]薛冬雪,刘岱.高校辅导员心理健康教育能力模块化培养模式构建[J].佳木斯教育学院学报,2011(3):295-296.

[19]王智,张大均.学校心理健康教育教师的胜任特征研究[J].西南大学学报(社会科学版),2012(6):84-94.

[20]申继亮,王凯荣.论教师的心理健康教育能力的构成[J].北京师范大学学报(哲学社会科学版),2001(1):12-14.

[21]邱柏生.试图摆脱困境的高校思想政治教育[J].思想理论教育(上海),2003(6):51-56.

[22]张耀灿,邵献平.论现代思想政治教育的中介思维[J].思想理论教育导刊,2007(10):48-52.

[23]邵献平.思想政治教育中介的特征及其构成要素[J].郑州航空工业管理学院学报(社会科学版),2006,25(1):7-10.

[24]罗斌.试论高校贫困生心理自我设障的排解[J].当代教育论坛,2005(11):83-85

[25]杨涛.试析贫困大学生心理问题成因及调适[J].现代交际,2014(1):232-233.

[26]周玲微,高大红,孙莹炜.以高校自强班模式为载体深化特殊学生群体教育的研究探讨[J].西北医学教育,2013(5):866-867.

[27]牛卫华,张梅玲.促进学习困难者自我认定能力发展的教育策略[J].心理科学进展,1998(1):33-37.

[28]高剑婷.大学生违纪行为的心理探析及教育策略[J].广西职业技术

学院学报,2010(6):56-59.

[29]张睦楚.大学生网络成瘾:关注与应对[J].高等理科教育,2014(6):38-43.

[30]倪晓莉,颜虹,陈思路.大学生网络成瘾与心理健康教育[J].中国行为医学科学,2006,15(5):409-410.

[31]李玲玲.高校辅导员心理健康教育能力及培训体系的建构研究[D].武汉:中国地质大学,2011.

附录:高等学校辅导员职业能力标准(暂行)

为进一步加强高校辅导员队伍建设,推动高校辅导员队伍专业化、职业化发展,提升大学生思想政治教育工作质量,特制定本标准。

高校辅导员是履行高等学校学生工作职责的专业人员,要经过系统的培养与培训,具有良好的职业道德,掌握系统的专业知识和专业技能。本标准是国家对合格高校辅导员专业素质的基本要求,是高校辅导员开展学生工作的基本规范,是引领高校辅导员专业化、职业化发展的基本准则,是高校辅导员培养、准入、培训、考核等工作的基本依据。

制定和实施本标准,一是为了进一步增强辅导员职业的社会认同,建立辅导员职业相对独立的知识和理论体系,确立辅导员职业概念,提升辅导员职业地位和职业公信力,逐步增强广大师生和全社会对辅导员工作的职业认同;二是为了进一步强化辅导员队伍建设的政策导向,为各级部门推进辅导员队伍建设提供基本依据,推动各级部门进一步制定完善辅导员队伍准入、考核、培养、发展、退出机制;三是为了进一步充实丰富辅导员工作的专业内涵,引导辅导员系统学习职业相关理论知识、法律法规、政策制度等,为辅导员主动提升专业素养和职业能力指出路径和方向;四是为了进一步规范辅导员的工作范畴,逐步明晰辅导员的岗位职责和工作边界,增强辅导员的职业自信心和职业归属感。

1. 职业概况

1.1 职业名称

高等学校辅导员。

1.2 职业定义

辅导员是高等学校教师队伍和管理队伍的重要组成部分,具有教师和干部的双重身份。辅导员是开展大学生思想政治教育的骨干力量，是高校学生日常思想政治教育和管理工作的组织者、实施者和指导者。辅导员应当努力成为学生的人生导师和健康成长的知心朋友。

1.3 职业等级

本职业共分为三个等级，分别为初级、中级、高级。

1.4职业能力特征

政治强、业务精、纪律严、作风正。具备思想政治教育工作相关学科的宽口径知识储备。具备较强的组织管理能力和语言、文字表达能力，及教育引导能力、调查研究能力等。

1.5基本文化程度

大学本科以上学历。

1.6 政治面貌要求

中国共产党党员。

1.7 培训要求

1.7.1 培训期限

根据学校的专业培养目标和教学培训计划，定期参加思想政治教育培训。基本培训期限：入职培训不少于40标准学时（10天）；中级不少于48标准学时（16学时/年，3年12天）；高级不少于128标准学时（16学时/年，8年32天）。

1.7.2 培训师资

培训高校辅导员的教师应具有相关专业副高级以上专业技术职务或副处级以上职级，并具有较高的思想政治教育及相关专业学术水平、理论修养和丰富的实践经验。

1.7.3 培训场地设备

满足教学需要的标准多媒体教室、报告厅和实践场所。

2. 基本要求

2.1 职业守则

（1）爱国守法。热爱祖国，热爱人民，拥护中国共产党的领导，拥护中国特色社会主义制度。遵守宪法和法律法规,贯彻党的教育方针,依法履行教育职责,维护校园和谐稳定。不得有损害党和国家利益以及不利于学生健康成长的言行。

(2)敬业爱生。热爱党的教育事业,树立崇高职业理想,以献身教育事业、引领学生思想和服务学生成长为己任。真心关爱学生,严格要求学生,公正对待学生。不得损害学生和学校的合法权益。在职责范围内,不得拒绝学生的合理要求。

(3)育人为本。把握思想政治教育规律和大学生成长规律,引导学生树立正确的世界观、人生观和价值观。增强学生社会责任感、创新精神和实践能力。尊重学生独立人格和个人隐私,保护学生自尊心、自信心和进取心,促进学生全面发展,努力培养社会主义合格建设者和可靠接班人。

(4)终身学习。坚持终身学习,勇于开拓创新,主动学习思想政治教育理论、方法及相关学科知识,积极开展理论研究和实践探索,参与社会实践和挂职锻炼,不断拓展工作视野,努力提高职业素养和职业能力。

(5)为人师表。学为人师,行为世范。模范遵守社会公德,引领社会风尚,以高尚品行和人格魅力教育感染学生。不得有损害职业声誉的行为。

2.2 职业知识

2.2.1 基础知识

具备宽广的知识储备,了解马克思主义理论、哲学、政治学、教育学、社会学、心理学、管理学、伦理学、法学等学科的基本原理和基础知识。

2.2.2 专业知识

2.2.2.1 思想政治教育专业基本理论、基本知识、基本方法

(1)思想政治道德观教育。

(2)思想政治教育学原理。

(3)思想政治教育史。

(4)思想政治教育方法论。

(5)思想政治教育心理学和心理健康教育相关知识与技能。

(6)比较思想政治教育。

2.2.2.2 马克思主义中国化相关理论及知识

(1)毛泽东思想相关理论。

(2)中国特色社会主义理论体系。

(3)社会主义核心价值体系。

(4)中华人民共和国史。

(5)中国共产党党史。

2.2.2.3 大学生思想政治教育工作实务相关知识

(1)党的创新理论教育相关知识。

(2)大学生党团、班级建设的相关知识。

(3)职业生涯规划与就业指导相关知识。

(4)困难资助、奖罚管理等学生日常事务管理的内容、知识。

(5)校园文化建设、社会实践等学生日常思想政治教育的知识。

(6)网络思想政治教育相关知识。

(7)危机事件、突发事件应对与管控的相关知识。

2.2.3 法律法规知识

《中华人民共和国教育法》《中华人民共和国高等教育法》《中华人民共和国教师法》《中华人民共和国学位条例》《中华人民共和国学位条例暂行实施办法》《中华人民共和国精神卫生法》《中共中央 国务院关于进一步加强和改进大学生思想政治教育的意见》《普通高等学校辅导员队伍建设规定》《普通高等学校学生管理规定》《国家教育考试违规处理办法》《学生伤害事故处理办法》等与大学生思想政治教育相关的法律法规条文规定。

3.职业能力标准

本标准对初级、中级、高级辅导员要求依次递进,高级别包括低级别的要求。

3.1 初级

初级辅导员一般工作年限为1~3年,经过规定入职培训并取得相应证书。

职业功能	工作内容	能力要求	相关理论和知识要求
思想政治教育	（1）熟悉学生家庭情况、个人特长等基本信息，掌握学生思想特点、动态及思想政治状况； （2）深入开展中国特色社会主义、中国梦宣传教育和社会主义核心价值观教育，帮助学生树立正确的世界观、人生观、价值观，确立在中国共产党领导下走中国特色社会主义道路、实现中华民族伟大复兴的共同理想和坚定信念； （3）有针对性地帮助大学生处理好学习成才、择业交友、健康生活等方面的具体问题	能通过日常观察、谈心谈话、问卷调查等方式，收集学生的基本信息，了解学生的思想动态； 能针对学生关心的热点、焦点问题，及时进行教育和引导； 能掌握主题教育、个别谈心、党团活动、社会实践活动等思想政治教育的基本方法； 能针对学生关注的思想理论热点问题做基本解释； 能结合大学生实际，广泛深入开展谈心活动，引导学生养成良好的心理品质和自尊、自爱、自律、自强的优良品格	思想政治教育的基本理论和方法； 思想政治教育的基本理论和方法； 中国特色社会主义理论体系和社会主义核心价值体系基础知识； 心理学基础知识； 伦理学基础知识； 社会学基础知识
党团和班级建设	（1）做好学生骨干的遴选、培养、激励工作； （2）做好学生入党积极分子培养教育工作； （3）做好学生党员发展和教育管理服务工作； （4）指导学生党支部和班团组织建设	能考察学生思想政治素质、道德品质、工作能力、发展潜力等基本素质； 能激励学生积极主动参与班团事务； 能教育引导学生坚定理想信念，增强党性修养，端正入党动机； 能组织学生学习党的理论知识； 能从思想政治、能力素质、道德品行、现实表现等方面综合考察学生的先进性和纯洁性；熟悉党员发展的环节和程序； 能利用各种教育载体激发党员的学习积极性和主动性； 能选好配强党支部和班团组织负责人； 能积极推动组织生活等工作创新； 能发挥学生党员的先锋模范作用和党支部的战斗堡垒作用	人力资源管理相关理论和方法； 党建基本理论和知识《中国共产党章程》； 《中国共产党发展党员工作细则》《关于进一步加强高校学生党员发展和教育管理服务的若干意见》

续 表

职业功能	工作内容	能力要求	相关理论和知识要求
学业指导	(1)了解学生所学专业的基本情况,组织开展专业教育; (2)培养学生学习兴趣,指导学生养成良好学习习惯,规范学生学习方式行为; (3)组织开展学风建设,营造浓厚的学习氛围	能初步掌握学生所学专业的培养计划、专业前景等; 能增强学生的专业认同和学习热情; 能及时发现并纠正学生学习中的不良倾向	教育学的基本理论和基础知识; 关于学生学位授予的相关规定; 关于学生考试的相关规定
日常事务管理	(1)开展新生入学教育; (2)做好毕业生离校教育、管理和服务工作; (3)组织好学生军训工作; (4)有效开展助、贷、勤、减、补工作,落实好家庭经济困难学生的资助工作; (5)做好学生奖励评优和奖学金评审工作; (6)为学生的日常事务提供基本咨询,进行生活指导; (7)指导学生开展宿舍文化建设,促进学生和谐相处,互帮互助	能通过主题班会、参观实践、讲座报告、交流讨论等形式开展入学教育,帮助新生熟悉、接纳并适应大学生活; 能通过主题演讲、主题征文、座谈会、毕业纪念册、毕业衫等形式做好毕业生的爱校荣校教育; 能为毕业生办理好毕业派遣、户档转出、党组织关系转接等工作; 能通过宣讲和谈心等形式做好学生军训动员工作,指导学生积极参与军训; 能组织评审各类助学金,指导学生办理助学贷款,组织学生开展勤工俭学活动,为学生办理学费减免和临时困难补助工作; 能组织学生开展素质综合测评,公开公平的做好奖励评优和奖学金评审工作; 能根据学校相关政策规定及社会、生活常识为学生解答一些日常问题; 能指导学生依法维护自身权益; 能通过召开宿舍长会议、组织宿舍文化符号比赛等形式活跃宿舍文化; 能通过团体辅导、个别谈心等形式化解宿舍学生之间的矛盾	《普通高等学校学生管理规定》; 军事训练与国防教育的基础知识; 国家和学校对家庭经济困难学生的资助政策; 《普通本科高校、高等职业学校国家奖学金管理暂行办法》 《研究生国家奖学金管理暂行办法》; 学校相关政策规定; 社会学基础知识; 经济学基础知识; 法学基础知识; 美学基础知识; 教育学基础知识; 心理咨询知识

续　表

职业功能	工作内容	能力要求	相关理论和知识要求
心理健康教育与咨询	（1）协助学校心理健康教育机构开展心理筛查； （2）对学生进行初步心理问题排查和疏导； （3）组织开展心理健康教育宣传活动	能协助心理健康教育机构完成心理筛查的组织实施； 能了解大学生的心理特点，熟悉大学生常见的发展性心理问题，掌握倾听、共情、尊重等沟通技能； 能够与大学生建立积极有效的师生关系，帮助学生调适一般的心理困扰； 能组织开展形式多样的心理健康教育宣传活动，如举办讲座、设计宣传展板等； 能组织学生参加陶冶情操、磨炼意志的课外文体活动，提高学生心理健康水平	心理咨询的方法、技巧； 心理异常的判断标准、原则
网络思想政治教育	（1）构建网络思想政治教育重要阵地，有效传播先进文化、弘扬主旋律； （2）拓展工作途径，加强与学生的网上互动交流，运用网络平台为学生提供学习、生活、就业心理咨询等服务； （3）及时了解网络舆情信息，密切关注学生的网络动态，敏锐把握一些苗头性、倾向性、群体性问题	能及时把握学生对信息技术的应用趋势； 能熟悉网络语言特点和规律； 能熟练使用博客、微博及微信等新媒体技术； 能及时研判网络舆情	《关于进一步加强高等学校校园网络管理工作的意见》《关于进一步加强高等学校网络建设和管理工作的意见》； 网络技术基础知识； 传播学基础知识
危机事件应对	（1）对危机事件作初步处理，努力稳定并控制局面； （2）了解事件相关信息并及时逐级上报； （3）组织基本安全教育并建立基层应急队伍	能第一时间赶赴现场；能尽快确认相关人员基本情况； 能执行危机事件处理预案，及时稳定相关人员情绪； 能通过学生骨干、密切接触人员等渠道快速了解事件相关信息； 能对事件性质做出初步判断； 能将相关情况及时向上级领导汇报； 掌握基本安全教育方法，能组织开展学生安全教育活动； 能培训指导各级学生骨干具备初步应急常识	《学生伤害事故处理办法》相关规定； 危机事件、突发事件应对与管控的相关知识； 危机事件应对预案相关内容； 公共危机管理基础知识； 社会学基础知识

续 表

职业功能	工作内容	能力要求	相关理论和知识要求
职业规划与就业指导	(1)为学生提供高效优质的就业指导和信息服务; (2)帮助学生树立正确的就业观念,引导毕业生到基层、到西部、到祖国最需要的地方建功立业	能及时全面发布就业信息; 能开展通用求职技巧指导、就业政策及流程解读等基本就业指导服务工作; 具备基本的职业生涯规划能力,能开展就业观、择业观教育	国家毕业生就业相关政策; 现代化技术发布信息的方法; 职业类型基础知识; 职业咨询基础知识
理论和实践研究	(1)攻读并获得思想政治教育、教育学、管理学等相关专业学位;参加校内相关学科领域学术交流活动; (2)参与校内外思想政治教育课题或项目研究	能掌握思想政治教育的基本理论观点; 能融入学术团队,运用理论分析、调查研究等方法,归纳分析相关问题	科学研究基本方法

3.2 中级

中级辅导员一般工作年限为4～8年,具备一定的工作经验,培养了较强的研究能力,积累了一定的理论和实践成果。中级辅导员职业标准除涵盖初级辅导员的职业标准内容要求外,在各项职业功能上有更高要求。

职业功能	工作内容	能力要求	相关理论和知识要求
思想政治教育	(1)组织、协调班主任、思想政治理论课教师和组织员等共同做好经常性的思想政治教育工作; (2)参与思想道德修养、形势与政策教育等课程教学; (3)为学生在理想、信念等方面遇到的深层次思想问题提供有针对性的教育咨询	能与班主任、思想政治理论课教师和组织员等工作骨干做好沟通交流,充分发挥所有从事大学生思想政治教育人员的育人作用; 能深入了解国情、民情、社情; 能根据教学的需要和学生的特点,采取灵活多样的教学方式开展形势与政策教育; 能就学生深层次的思想问题进行沟通、挖掘、分析与辅导	心理学; 政治学基础知识; 课堂教学基本方法与理论; 伦理学相关知识; 社会学相关知识

续 表

职业功能	工作内容	能力要求	相关理论和知识要求
党团和班级建设	(1)开展党员教育管理服务工作; (2)指导学生党支部和班团组织开展主题党、团日等活动; (3)参与学生业余党校、团校建设,讲授党课、团课	具备丰富的党建团建工作经验与扎实的理论功底; 能指导党支部书记开展党员教育培训,拓展教育途径; 能指导党支部书记开展组织生活和组织关系管理; 能指导党支部书记关爱帮助学生党员,保障党员民主权利; 能抓住重大节庆日、重要活动、重要节点,指导党团组织开展主题活动; 能指导学生组织开展丰富多彩的校园文化、艺术、体育等活动; 能组织开展学院级党校、团校的相关工作;能讲授具有一定理论水平、深受学生欢迎的党课、团课	中华人民共和国史 中国共产党史; 党的建设理论; 大型活动组织管理和大型活动组织的方法与原则; 课堂教学方法
学业指导	(1)帮助学习困难学生适应大学学习生活,激发学习兴趣,掌握科学的学习方法; (2)研究分析学生学习状态和学习成绩变化,并针对性的开展分类指导; (3)指导学生开展课外科技学术实践活动 (4)指导学生考研、出国留学等学习事务	能通过侧面了解、谈心谈话、组织相关人员集体讨论等方式分析学生遇到的困难和应对措施,指导学生有效调整学习习惯和学习方法; 能通过召开宣讲会、谈心谈话等方式鼓励学生主动参与课外学术实践活动	教育学相关知识; 心理学相关知识

续 表

职业功能	工作内容	能力要求	相关理论和知识要求
日常事务管理	(1)违法违纪学生的教育处理； (2)能熟练把握学生情感、人际交往、财经、法律等方面事务科学咨询指导的政策、方法和技巧	能准确把握国家有关法律法规和学校规章制度，对学生违法违纪行为进行严肃处理； 能采用案例分析、宣传警示等形式对学生进行日常法律意识教育； 能运用法律知识、社会学知识和心理学知识指导学生对日常遇到的各种复杂问题进行全面深入的分析，探究解决问题的办法	《中华人民共和国刑法》《中华人民共和国治安管理处罚法》《国家教育考试违规处理办法》； 学校相关规章制度； 经济学相关知识； 法学相关知识； 社会学相关知识
心理健康教育与咨询	(1)心理问题严重程度的识别与严重个案的转介； (2)心理测验的实施； (3)有效开展学生心理疏导工作； (4)初步开展心理危机的识别与干预； (5)相对系统地组织开展心理健康教育活动	具备三级心理咨询师资质或具有心理健康教育相关专业硕士学位； 能对一般心理问题、心理障碍和精神疾病进行初步识别，了解转介到心理咨询中心或精神卫生医院的适用条件和相关程序； 能根据工作需要，正确实施各种心理测验量表、问卷，并能在专业人士指导下对结果进行正确解读和反馈； 能与求助学生建立良好的信任关系，有效开展心理疏导工作，帮助学生调节情绪； 能识别大学生心理危机的症状并进行初步评估，能协助专家开展相关的危机干预工作； 能通过培养心理委员、宿舍长、班干部等方法，培养学生自我管理、自我救助和朋辈互助的能力； 能有效设计相对系统的院系心理健康教育整体方案，并能指导学生社团开展形式多样的心理健康教育活动	心理问题、神经症、精神病识别知识； 各类测验的功能与使用范围，施测手段； 教育心理学基础知识

续 表

职业功能	工作内容	能力要求	相关理论和知识要求
网络思想政治教育	(1)综合利用传统、网络媒体，统筹协调网上、网下工作； (2)引导学生在网上自我教育、自我管理和自我服务，教育学生在网上自我约束、自我保护； (3)围绕学生关注的重点、热点和难点问题，进行有效舆论引导；丰富网上宣传内容，把握网络舆论的话语权和主导权	能准备把握网络传播规律，有效配置整合网络资源； 能对学生的网络行为进行教育引导； 能通过博客、微博、校园交互社区、网络群组等网络平台主动发布相关内容，吸引学生浏览、点击和评论，引导网络舆情	社会学的基础知识； 文化学的基础知识； 教育学的基础知识； 网络舆情引导方法
危机事件应对	(1)指导初级辅导员对危机事件作初步处理，稳定并控制局面； (2)对事件相关信息做好全面汇总和准确分析并及时与有关部门沟通； (3)对事件发展及其影响进行持续关注与跟踪； (4)组织安全教育课程学习	能做好第一时间现场统筹指挥工作； 能把握重点人员和关键节点，有效控制事态的发展； 能协调事件涉及相关部门迅速反应，筛选有效信息；能通过沟通和分析把握事件脉络并提出初步处理方案； 能密切联系相关人员，跟踪事件的处理效果； 通过网络、个别谈话等渠道掌握事件产生的影响； 能进行事后集体和个体的心理疏； 能讲授校园安全教育公共选修课	《学生伤害事故处理办法》相关规定； 危机事件、突发事件应对与管控的相关知识； 公共危机管理相关知识； 心理学相关知识； 教育教学方法相关知识
职业规划与就业指导	(1)帮助学生正确分析自己的职业倾向； (2)开展职业生涯规划活动，帮助学生树立正确的职业观、择业观、创业观、成才观，尽快适应社会、融入社会	能开展职业能力倾向测试并对结果进行分析、评估； 能帮助学生认识自身的性格特点和能力，明确职业发展目标，澄清职业取向； 能为毕业生提供个性化咨询指导	职业生涯规划基本理论； 人力资源管理基本理论

续 表

职业功能	工作内容	能力要求	相关理论和知识要求
理论和实践研究	(1)攻读获得思想政治教育、教育学、管理学等相关专业博士学位；参加国内学术交流活动； (2)主持或参与校级及以上思想政治教育课题或项目研究，形成具有针对性和实效性的研究成果	能开展深入的科学研究；能领导管理科研项目团队；以第一作者身份在相关领域期刊发表3篇学术论文	教育研究方法； 社会学研究方法； 管理学相关知识

3.3 高级

高级辅导员一般工作8年以上，具有丰富的实践经验、较高的理论水平和学术修养，高级辅导员职业标准除涵盖中级辅导员的职业标准内容要求外，在思想政治教育工作某一领域有深入的研究并具备有影响力的成果，成为该领域的专家。

职业功能	工作内容	能力要求	相关理论和知识要求
思想政治教育	(1)主动思考研究，掌握思想政治教育的重点和一般规律，提高学生思想政治教育针对性和实效性； (2)开展工作调查研究，调整工作思路和方法； (3)研究把握思想政治教育规律性、前沿性问题，成为思想政治教育专家	能根据党的教育方针和高等教育发展要求，结合学生的阶段特征，按照学校育人工作的总体要求，有计划、有目的地系统实施学生思想政治教育； 能开展思想政治教育工作理论与方法的调查和研究，分析工作对象和条件的变化，及时调整工作思路和方法； 对马克思主义理论和思想政治教育有深入的研究，具有相关专业的学位或具有长期的丰富工作经验； 能运用现代科学技术，并借鉴其他交叉学科的优势，实施思想政治教育工作； 在具有影响力的学术期刊以第一作者身份发表5篇以上思想政治教育学术论文； 能够熟练利用理论指导辅导员工作的开展 能讲授思想政治教育公共选修课	思想政治教育学理论； 思想政治教育方法论； 开展科学调查研究的方法； 马克思主义理论； 中国特色社会主义理论体系内涵及宣传教育的方法； 社会主义核心价值体系内涵及宣传教育方法； 思想政治道德观相关理论； 思想政治教育学史、比较思想政治教育、现代科学技术在思想政治教育中的应用方法

续 表

职业功能	工作内容	能力要求	相关理论和知识要求
党团建设	深入研究高校党建的规律性前沿性问题，成为党建专家	对马克思主义理论、中华人民共和国史、中国共产党史、中国特色社会主义理论、党建创新理论有深入的研究； 在具有影响力的学术期刊以第一作者身份发表5篇以上党建工作学术论文； 能够熟练利用理论指导初级、中级辅导员开展党建工作	马克思主义理论； 中华人民共和国史； 中国共产党史； 中国特色社会主义理论体系内涵及宣传教育的方法； 社会主义核心价值体系内涵及宣传教育方法； 党建学相关理论； 政治学相关理论
学业指导	(1)组织学生参与专业课教师的实验或研究项目，培养学生学术爱好和研究能力； (2)深入研究学生学习能力、创新能力形成规律，培养学生创新思维和创造性人格； (3)研究完善学生综合评价体系，研究健全创新人才培养机制	能深入了解学生所在专业知识，为学生提供有针对性的专业学习建议； 能应用心理学、教育学相关原理和知识指导学生学习研究； 能因材施教，培养研究型、创新型人才； 能够指导和组织初级、中级辅导员开展学业指导工作	心理学相关知识； 教育学相关知识； 学生所在专业相关知识
日常事务管理	积极创新学生事务管理的理念和方法，总结凝练工作经验，深入研究把握学生事务管理的规律，成为学生事务管理专家	具有长期丰富的事务管理工作经验； 能合理运用教育学、管理学、法学相关知识，对学生事务管理工作进行服务育人体系化设计； 能够熟练利用理论指导辅导员开展学生事务管理工作； 在具有影响力的学术期刊以第一作者身份发表5篇以上学生事务管理学术论文	教育学相关知识； 管理学相关知识； 法学相关知识； 学生事务管理相关规定和程序

续 表

职业功能	工作内容	能力要求	相关理论和知识要求
心理健康教育与咨询	总结凝练实践工作经验，深入研究把握心理健康教育的规律，成为心理健康教育专家	具备二级心理咨询师资质； 能进行危机评估、实施干预、妥善预后及跟踪回访； 能够为学生提供心理咨询服务； 在具有影响力的学术期刊以第一作者身份发表5篇以上心理健康教育相关领域学术论文； 能够熟练利用理论和实际经验指导辅导员开展心理健康教育工作； 能够为高校辅导员提供有效的心理健康教育培训； 能讲授心理健康教育公共选修课	心理学相关理论； 应用心理学相关理论； 思想政治教育心理学相关理论
网络思想政治教育	熟练应用现代信息技术，结合丰富的网络思想政治教育工作经验，深入研究把握网络传播的规律、研判网上学生思想动态，成为网络思想政治教育专家	能结合工作经验、运用科学的研究方法对网络思想政治教育开展深入的研究； 能在具有影响力的学术期刊以第一作者身份发表5篇以上网络思想政治教育学术论文； 能够熟练运用理论指导辅导员开展网络思想政治教育工作	马克思主义理论； 中国特色社会主义理论体系内涵及宣传教育的方法； 社会主义核心价值体系内涵及宣传教育方法； 网络思想政治教育原理与方法； 现代科学技术在思想政治教育中的应用方法
危机事件应对	(1)对危机事件进行分类分级，并做出预判； (2)协调相关部门妥善处理危机事件，稳定工作局面； (3)总结经验，对工作进行改进，完善预警和应对机制； (4)总结凝练实践工作经验，深入研究把握危机事件应对的规律，成为校园公共危机管理专家	能根据掌握的信息对危机事件进行分类分级； 能准确分析事态起因，牢牢把握发展趋势； 能摸清事态的症结，协调校内外相关部门制定对策并迅速妥善处理，恢复正常； 能掌握整个事件的过程，深层次研究事件原因，改进工作，提出对策； 在具有影响力的学术期刊以第一作者身份发表5篇以上公共危机处理相关领域学术论文； 能熟练利用相关理论指导辅导员进行公共危机处理	危机事件应对与管控的相关知识； 公共危机管理相关理论； 管理学相关理论； 社会学相关理论； 心理学相关理论； 伦理学相关理论

续 表

职业功能	工作内容	能力要求	相关理论和知识要求
职业规划与就业指导	总结凝练实际工作经验，深入研究把握职业生涯规划与就业指导工作的规律，能为学生开展基本的创业指导，成为职业规划与就业指导专家	具备职业指导师资质， 能为大学生开展团体职业咨询； 能撰写职业指导典型案例，开展职业指导应用性研究，并将研究结果应用到实际工作中； 能进行较为客观全面的创业环境、政策、行业前景分析； 能建立健全大学生就业指导机构和就业信息服务系统，提供更高效优质的就业创业服务； 在具有影响力的学术期刊以第一作者身份发表5篇以上职业规划与就业指导相关领域学术论文； 能够熟练利用理论指导辅导员开展职业规划与就业指导工作； 能讲授职业规划与就业指导公共选修课	职业生涯规划相关理论； 人力资源管理相关理论； 职业咨询相关理论； 职业素质测评相关理论； 国家鼓励创业基本政策
理论与实践研究	(1)参加国际交流、考察和进修深造； (2)主持省部级以上思想政治教育课题或项目研究；形成具有影响力和推广价值的研究成果	能深入把握国内外学生事务工作前沿进展； 以第一作者身份在相关领域核心期刊发表10篇以上学术论文； 能推动研究成果的转化应用； 对中级辅导员的研究进行指导	教育研究方法； 社会学研究方法； 管理学相关知识